JN080963

昨日より前向きになれる
しおりの言葉88

ぴあ

第1章 思考のヒント

第2章 自分磨きのヒント

第3章 趣味・仕事のヒント

第4章 子育て・暮らしのヒント

第5章 人間関係のヒント

第6章 チャレンジのヒント

第1章

思考のヒント

01
人生は自分が主役！

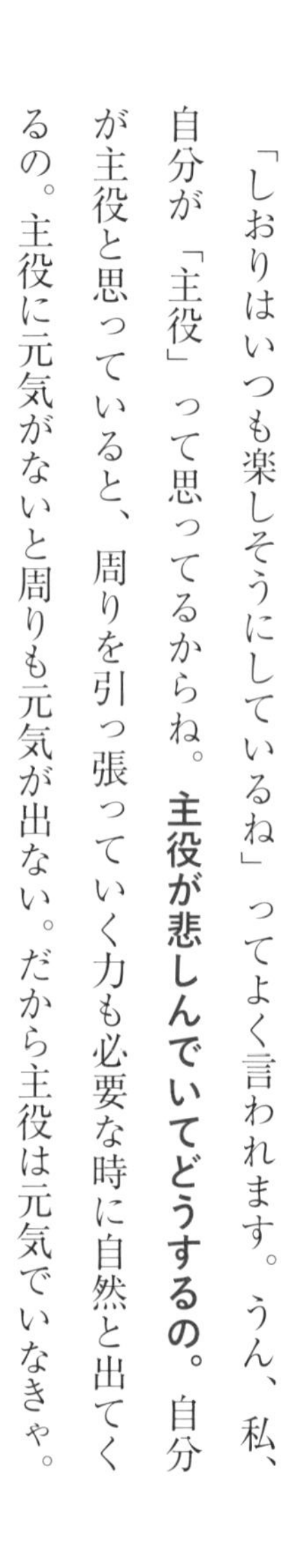

「しおりはいつも楽しそうにしているね」ってよく言われます。うん、私、自分が「主役」って思ってるからね。**主役が悲しんでいてどうするの。**自分が主役と思っていると、周りを引っ張っていく力も必要な時に自然と出てくるの。主役に元気がないと周りも元気が出ない。だから主役は元気でいなきゃ。

それに主役だと、すべてのことを真正面から受け止められるから、いちいち小さいことを気にする必要がなくなるし、とてもすっきりした世界で生きていけるの。**主役だからこそ人に頼ることもできる。**助けてもらうべきところも分かってくるよ。

自分のことを無意識にでも「脇役」だと思ってしまっている人は大変。気持ちを素直に受け取れないし、周りに頼るのも苦手。だけどね、そういう人は逆に「してもらうこと」ばかり考えるの。だからもっと大変。「**してくれない、じゃなくてあなたはどうするの？どうしていくの？**」って言いたいわ。まず自分が主役になって自分のためでいいからどんどん行動してください。そうすれば受け身の姿勢から抜け出すことができるわよ。そして、そんな自分の姿を見て周りも笑顔になるの。こんないい循環ないわよね。

自分の人生、自分が主役！　だから今日も楽しいわ！

02
悔しいから楽しい！

この言葉は私が「ＰＳ純金」でボーリングをやったときに出た言葉です。何十年ぶりかにボーリングをして、昔はもっと上手かったはずなのに全然思うようにいかなくて、悔しくて悔しくてたまらなかった。でもね、とっても楽しかったの。

生きていれば「悔しい！」って思うことはたくさんあるじゃない？　でもその悔しさって実はとってもプラスなことなの。「もっと上手くできるはず」とか、「こうしておけばよかった」とか、自分をもっと成長させるきっかけをもらえたってことなのよね。

悔しいって思わなくなったら人間は終わりよ。うまくいかなくっても、それをひとつずつできるようになって人間は成長していく。チャレンジすることって、とても大切だし楽しいことなの。何かできるようになるのって嬉しいじゃない？　その積み重ねでどんどん豊かな人生になっていくのよ。だから「悔しい」って思うことは、**またひとつ成長のチャンスが増えたってことなの。悔しいからやめちゃうんじゃなくて、そこから前を向いて先に進むことが**大事だと思うわよ。

そう、だから「悔しいから楽しい」のよ！

03

失敗しても笑って済ませる！

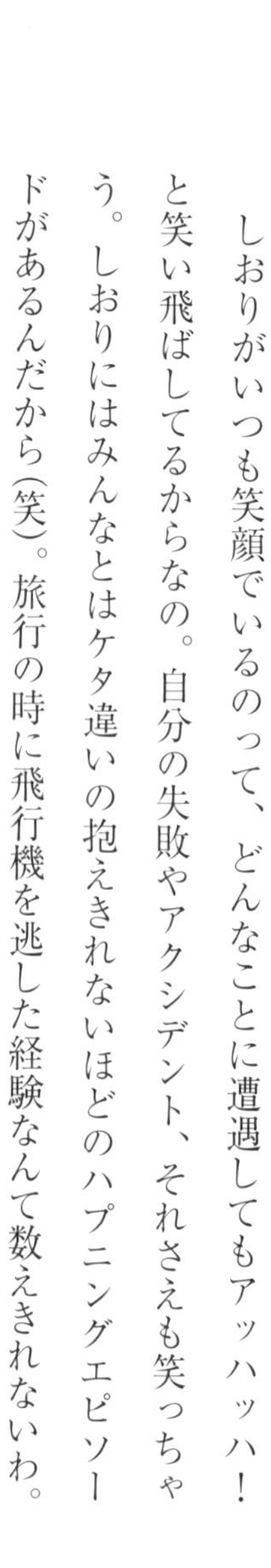

しおりがいつも笑顔でいるのって、どんなことに遭遇してもアッハッハ！と笑い飛ばしてるからなの。自分の失敗やアクシデント、それさえも笑っちゃう。しおりにはみんなとはケタ違いの抱えきれないほどのハプニングエピソードがあるんだから(笑)。旅行の時に飛行機を逃した経験なんて数えきれないわ。

極めつけは空港まで行って自分の席がないことに気づくんだけど、係の人に聞いてびっくり、先月のチケットを予約しちゃってた。なんとＪｕｎｅとＪｕｌｙで間違えてるのよ！「そんな間違え方ある？」って（笑）。思わず大笑いしちゃったわ。こんな時はショックな気持ちというより面白さが勝つかもしれない。**話すネタができたわって、なんだか嬉しくなって笑いが込み上げるの。**そう、失敗してもその先のネタにしちゃったらいいんだわ。話を聞いたみんなが笑ってくれたら失敗したことなんてどうでもよくなるもの。

こうやってイライラやメソメソを笑いに変えてるからしおりはちょっとのことじゃへこたれないのかもね。そう思うと笑うことってすごい大事よね。**自分自身をハッピーにできるし、周りも気持ちが明るくなる。**小さなことで落ち込みやすい人は一度笑ってみてちょうだい。すぐに忘れて、気づいた頃にはけろりとしているわよ。

04

欲張りなのも悪くない！

しおりが行動する上でいつも心の根底にあること。それはズバリ「**欲張り**」なんです。まず、しおりはなんでもできるようになりたい。だから行動する。できないことがあったらできない理由が分かるまで徹底してやってみたい。「もうやれないかな、できないな」ってとこまで、諦めるまでやりたい。そ

して、しおりは楽しいことだけやりたい。楽しいことをとことん極めたい。そうしていたら、いつの間にか趣味がたくさんできていた。その趣味の延長でいろんな人と交流できている。

しおりは時間も一瞬たりとも無駄にしたくない。だから家にレストランと塾があるし、陶芸の工房だって備わっている。自分が移動せずにいろんなことができる環境。移動時間が減ると自分のやりたいことを無駄なくできるの。そんなこんなで、充実した刺激のある毎日を送れているわ。しおりの「欲張り」ってしおりを**さらにアクティブにさせているの。**だから自分の「欲」に素直に従ってみるのも悪くないなって思うわよ。**自分の心を豊かにする「欲」ってすっごく大事！**　みんなもしおりに負けないくらい「欲張り」になってみて。もっと人生楽しくなるわよ。

05

人生、なるようにしかならない。

しおりにもモットーのような言葉の一つや二つはあります。「なるようにしかならない！」これは、私に相談をしにくる人みんなに言ってるかも（笑）。だってそうでしょう？「人生で○○したい」「死ぬまで○○したい」、その目標に向かって行動しても、**それが必ず叶うとは限らない。諦めたり、挫折し**

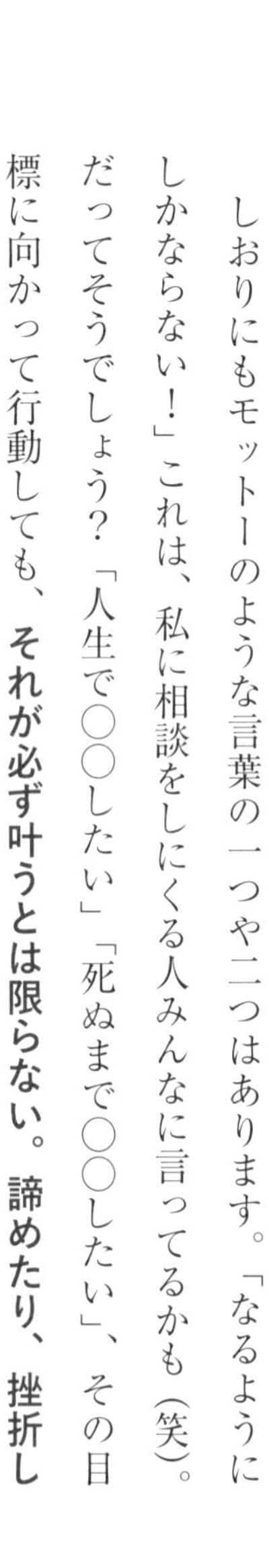

たり、時にはその目標を忘れちゃったりもあるかな。そんな時だって人生、なるようにしかならないよって。

しおりはね、全く過去に執着しないの。過去を振り返ってもしょうがないって考えてるから。過去は変えられないもの。それもそうだし、今、自分がしたことの結果が「すべて」なの。それが「成った」ということ。だから、**あなたが何を考えようがどうあがこうが、人生というものはなるようにしかならないのよ。**それぐらい割り切って考えた方が、物事に冷静に取り組めるわよ。でもね、**そんなふうに生きてるとひょんなことから、道筋が見つかったりする。**それがあなたの次に進むルートになる。方向が正しいのかどうか、そんなのはやってみないとわからないけど、なるようになっていくのよ。そういうもんよ人生って。たまには自然に身を任せて、気楽に生きてみてちょうだい！　思いつめた時には、この言葉を思い出して深呼吸よ！

06

人生は勘違いでできている。だからどんどん勘違いしていいのよ！

友人にドレスを着させてもらって、その時の自分の姿を見て「悪くないわね」って「勘違い」したことがある。実はその勘違いが、私がこの格好を本格的にし始めたきっかけなの。勘違いって、生きてるとたくさんある。みんな気づいてないけど、**人生のほとんどは勘違いでできている**のよ。私はね、

自分が主役だと思ってるから、勘違いしたことだって、それがちゃんとした自分の道になっていくんだと思う。だから勘違いしたままいけばいい。

私が話したことに対して、みなさんから「感動した」とか「勇気をもらった」なんて言っていただけるけど、言っちゃえばそれも勘違いかもしれないわ（笑）。私の思いがそのままの状態で伝わってることはそんなにないのよ。みんな、思い思いの解釈をしてくれてる。でもそれでいいのよ。**自分のために勘違いすればいいの。**だって受け取り方は人それぞれで違うものなんだもの。他の人も同じように思うってことはないわよ。講演会でも、聞いている多くの人全員に合う言葉を届けるのは不可能。でもみんな、うなずいてしっかり聞いてくれる。それぞれが自分なりの言葉に変えて、受け取っているんだよね。**勘違いって、自分の知らないところで自分を導いてくれる**のかもしれない。だからみんなどんどん勘違いして！

07

心の拠りどころを持つといい。

私の座右の銘は「一期一会」なんです。二度と会わないかもしれない人でも、しっかり相手をする、その人のために何かをする。それは常に意識しているの。この座右の銘は料理を始めた時から心に刻んでいる。ひょっとしたら小学生くらいから。人のために一生懸命料理を作る。そのためにまずは食材を

探して、それなりに技術を磨いて。そして作って喜んでいただく。大事よね。「一期一会」の書は店にも飾ってあるわ。店を始めるときに常に自分が見るように、書道の師範だった母親に書いてもらったものよ。お客さんひとりひとりをちゃんともてなせるようにってね。それもあって、この座右の銘は何かある度に頭に浮かぶわね。本当に心の支えになっているもの。そういう意味でも座右の銘は持つべきね。生きていれば良いことも悪いこともあります。そんなとき、**心の拠りどころと言うか、何かに「すがる」ということは必要だなと思うんです。**場合によっては別に座右の銘じゃなくて、人やモノでもいいのよ。人生そんなにかっこよくは生きていけないんだから、すがっていいのよ。

08

不安の方向がほんのちょっとずれるだけで気持ちは軽くなるものよ。

しおりのファンを集めたＳＮＳのグループがあるんだけど、そこで私は毎朝動画の配信をしているの。５分くらいの短い動画。「今日も楽しい１日がはじまるよ！」ってしおりが言うの。ギターとか弾いちゃったりして。間違えた時は間違った顔して笑ってみせます（笑）。そうすると見た人はクスッ

と笑ってくれるかなと思ってね。

今ってストレスで悲しんだり悩んだりしている人も多いから、そんな人にも届いてくれたらさらに嬉しい。私のファンは女の人が多いんだけど、主婦の方だと朝は掃除洗濯、さらには家族のお弁当作りまで……忙しいじゃない？　そういう準備をするために自分だけ早く起きて、でも周りは寝てる状況。それがほぼ毎日。だからそんな朝でも、しおりの動画を見て笑ってくれたり、気持ちを明るく持って1日を始めてくれたらいいなって思うのよね。**そのほんのちょっとのことが、気持ちを変えていくと思うから。**もちろん、悩みは急にはなくならない。でも明日も生きていかなきゃ。そんな時は少しでも変えられるところから変えていく。**ほんのちょっと自分を不安からずらしていく、それが大事よね。**

画面の向こうのみんなのために、動画配信はこれからも続けていくわね！

09

迷わないコツは先回りして考えておくこと。

優柔不断な人っているわよね。決められない人。しおりは真反対ね。ほとんど迷わないタイプなの。というか、迷う前に決めちゃう。私が店でお客さんに提供する料理というのは、基本的に「材料あり・レシピなし」なんです。お客さんを見て、そのお客さんの雰囲気を感じ取ってどういう調理をするか

決めるの。そこで迷うってことはないかな。お客さんと会話しながら、お客さんの情報を拾って頭で組み立てているんだよね。お客さんが関西の方なら関西系の味付けにする。フグが材料の時に、フグ料理を食べ慣れている方には、定番とは違うカルパッチョ風なんかを出してみて少し驚かせてみようとかね。

私は**迷う迷わないというより、もっと早い段階でいくつかの方向性の選択肢を考えている**んだろうなと思う。「この時はこうする、そうじゃない時はこうね」とケースが浮かんでくるのかな。「しおりは段取りいいね」と言ってくださる方もいるけど、迷う前に決めているからなのよね。先回りして決めておくと、次することが分かってるからパパッとできるの。お店で何かする時はそうなんだけど、いつも片方のことを頭で考えながら片方のことをこなしてるわよ。迷って困ることが多い方は参考にしてみてちょうだい！

10

いいものを捨てると
もっといいものが手に入る。

〝大事なものを捨てる。するともっといいものが手に入る〟。これは私が好きな言葉の一つ。昔、カレンダーか何かで見てから心に残ってる。不思議なことにその通りね。思い切ってものを捨てて後悔したことはないわ。一度手放してみる。この感覚が大事ね。

あとは、生活していると、なくすものって出てくるんだよね。これはものだけじゃない。人もよ。きっかけは誤解とかそういったことで、その人と上手くいかなくなったりする。でも、その後に別のところでもっといい人と出会うの。それが決まっていたかのようにね。だからそうやって思うと「去る者は追わず」というスタンスが私には常にあるかな。**もっといいものが手に入るんだと思っておけば追わなくて済むの。**私の性格としては捨てたものに未練がないこともそうだし、それよりも新しい出会いの方が好きなんだろうな。ワクワクするんだろうな。**一つのことに執着して前に進めなくなるよりも、新しいものに向かう、新しいものを受け入れる。**それがいいわよ。

11

「成功」や「勝ち組」なんて考え方は必要ない。

「成功」ってよく耳にするけど、考えれば考えるほど「成功」って何かしら?と思う。よく分からない。**成功の捉え方ってすごく難しいと思うの。**お金にまつわることが多いわよね。SNSなんかでも「勝ち組」「負け組」という表現をよく見るけど、そんな考え方要るかしら。お金を持った人が勝ち

組？　本当にお金なの？　お金じゃないところにいろんな幸せがありそうだけど。そういう表現が世間に浸透してしまうと、みんなこの世は「お金持ち」＝「勝ち」の方程式ができてしまうのよ。そうしてさらにお金にまつわる意識が強くなる。それは負のエネルギーしか生まないよ。

料理を頑張って「美味しいものできた！」って時も、それも自分にとって「成功」よね。じゃあそれでいいじゃない。そういう幸せをコツコツ心に溜めていけばいいじゃない。必ずしもお金持ちにならなくていいし、目指さなくていい。他人の成功に惑わされる必要はないのよ。**あなたの「成功」と呼べるべきものを大事にして！**　だいたい、生きていく上で「勝ち」も「負け」も存在しないと思うの。勝ち負けに執着していることこそ、幸せになれていない証なのかもね。本当に成功しているんだったらいちいちそんなこと気にしないもの。

12

気持ちを整理してみたら、今までやめられなかったこともすんなり断ち切れると思うの。

「やめたいのにやめられない」物事は、私たちの身近にたくさんあるわよね。たばこに依存している人とか、お酒もそうね。たばこなんかは、周りが気にしていなくて、本人が満足しているのなら別にいいと思うわ。でも健康のことを考えてやめたがってる人は多いわね。そういう人たちって「やめられな

い」ってずっと言ってるけど、断てない理由というのは、たばこ自体にあるのではなくて、**その人の気持ちの不安定さが影響していると思うの。**

実は私も以前に喫煙経験はあるのよ。それは趣味の陶芸なんかをしていて、物を作り上げた時にホッと落ち着きたいから、というのが理由としてあったわね。けれど、たばこがなくなったからといってホッとできないかと言われると、十分できているの。大したことない理由だったんで、自分が思っているよりもすぐにやめられたわ。

だからね、あなたが依存しているものもきっと、案外そんな程度のものよ。**言うほど大したもんじゃないの。**だからもう少し、それをやめられない理由を見つめ直してみて。なんのために続けているか。実際はあなたの中のくだらないこだわりだったりするでしょ？　続けるのかやめるのか、少し考えたら答えが出ると思うわよ。

13

緊張している時は力の出し時よ。

肩肘張らずに自然体でいろんなものに向かっていくのはいいこと。けれど、どんな場面でも自然体のまま過ごせるかというと、そうではないわよね。イベントごととか大事な場面に遭遇したら、緊張してしまうことも時にはあると思うの。すぐにあがってしまう人もいると思う。でも、それも悪くな

いんだよね。自然体でいることは理想なのかもしれないけど、**少し緊張しながら何かに取り組むというのも、実は思いがけない力を引き出してくれると思うのよ。**緊張してあがり気味でも、それがあるからいいパフォーマンスに繋がることがある。

結局どちらもベストなのよ。力が抜けている時も、緊張している時も。**今緊張している自分も悪くないなと思えるし、力が抜けている時は、それはそれでいいなと思える。**そんな風にプラスに考えられる自分にしておきたいかな。

14

言葉には人をだます力がある。

私、表舞台に立つようになってから、多くの講演会をしてきたわよ。そんな私が「言葉」に対して常々思うこと。

言葉にはすごい力がある。人をだます力。そう、**だからだまされて信じた人が一番強い。**だまされていいの。これは決して詐欺師がするみたいな「だ

ます」ではなくてね。勘違いの思い込みでも、信じ込めばすごい力がある。だから言葉にはだまされるものだよ。言葉を使ってだますのはよくないけど、言葉でだまされるのは悪くない。**言葉を信じる力というのはすごく大きなエネルギーを生むんだよね。**だから相手の言ったことに影響を受けるでしょう？

結局は受け取る側がその意味を作っていくんだから。私も話し手としてそこはいつも気をつけてるかな。表面だけを繕った言葉は、相手にも伝わるからね。

言葉でだまされてみると、いろんなことが解決するわ。思い悩んでいたことでも、道がパッと開けるの。だから「信じる」ことを馬鹿馬鹿しいなんて思わなくて大丈夫。自分が受け取った「言葉」を大切にして。

15

しおりは、100点満点中120点の回答を目指してます！

最近は講演会やトークイベントの機会を設けていただくことが増えたのもあって、何かを発信する立場という認識が以前より強くなったわ。この本だってそうよね。私の思っていること、みんなに伝えられて嬉しいの。

しおりがね、トークする時に意識しているのは、「満点」を狙いたいってこと。

100点満点中、100点。……いや、私の場合は**100点満点中120点**ね。満点ではあまり納得できないの（笑）。と言っても、最初から満点を狙っている訳ではないんです。満点の答えをポンッと出すというよりは、**60点の答えをベースにして、そこに60点の「自分らしさ」を加えるイメージね。**「それは普通かな」「それは変よ」という客観的な意見にプラスして私自身の言葉を織り交ぜたい。やっぱり私に聞いてくれてるのだから、しおりらしさの表現を大切にしたいの。それで結果的に120点になったらいいなって。求められている以上のものを出したい。こういうところも欲張りなのよ（笑）。私をよく知ってる人だったら「しおりらしいよね」「さすがしおりよね」なんて感想が出てくるかもしれないわね。そんなふうに思ってくれたら嬉しいし最高だわ。

16

プライド＝胸を張れること。でも、プライドは内に持って外に出さない！

私が胸を張って言えることっていくつあるかな？　あまりないかも（笑）。今一番胸を張って言えることといえば、愛車を新車の時からもう40年もワンオーナーで乗ってることかな。これは本当、誇らしげに言わせてもらうわよ。まあ自分で言えるのはこの程度のことね。ただ、人から見たら違うみたい。

私の料理を見て「すごい！」って思ってくれる人もいるからね。あとは、やっぱり下を向かないで街を歩けることが、今は誇れることね。

そんな胸を張れるものが自分の中にあることが、ある意味「プライド」ということなんだろうね。でもしおりはね、プライドがあるにはあるけど高くないよ。というか、プライドなんて今まで気にも留めなかったし、意識して外に出したことはないわね。内にしまってきたの。だって鼻につくでしょ（笑）。**プライドは高くあっていいものだと思う。でも、これみよがしに外に出してしまうのは良くない。**見ていてプライドの高そうな人も、そりゃあいるわね。そういう人を見ると私は「ああ、違う世界の人ね」と感じてしまって、近づこうとは思わない。プライドは周りに見せつけなくても、分かる人にはちゃんと伝わって、「すごい！」と思ってもらえるものよ。**自分の中に胸を張れる何かがあれば十分なのよ。**

17

ネガティブな感情はほとんどが思い込み。実際の問題は米粒くらいの話よ。

私のことを周りの人たちは「ポジティブな人間」だと表現してくれるわ。そうね、だって前述したように私の口癖は「なるようになる」だもの。世の中で起きることは、なるようにしかならない。そうすると、結局はモノの見方。自分をどの位置に置いて見るか、それがとても重要なんじゃない？　少

し下の位置から見ると全部ポジティブに考えられるし、逆に上の位置から見ると全部ネガティブに考えてしまう。初心の気持ちに戻って考えられたらいいんだけれど、つい上の位置からの目線で見てしまう人が多いんだろうね。それでは足りないことばかり感じちゃってネガティブになってしまうよね。基礎の部分をベースに考えてみると、少なからず悩みは解消されると思うわ。

あのね、お悩み相談をよく受ける身から言わせてもらうと、みんな思い込みが激しいわよ（笑）。勝手にいろんなことを思い込んでるし、その思い込みによって**最初は米粒くらいの問題だったのが、リンゴくらいに膨らんで、最終的にはボーリング玉くらいのボリュームになってるの。**でも実際は米粒なのよ。なのに本人は大きくて重くてどうしようもない問題だと思ってしまう。**自分で問題を育てすぎちゃってるの。**もっと楽に考えていいのよ。そのためには、誰かに話して心を落ち着けられたらいいわね。

第2章

自分磨きのヒント

18

世の中見た目。だから見た目に気を遣うべき。

人を見た目で判断するなってよく言うけど、そんなことないと思うわ。世の中見た目は大事よ。最初に自分を見せる部分って内面じゃなくて外見なのよね。例えば、いま私は塾の講師をやってるけど、70超えのおじいちゃんが塾やってたら、普通は人なんか一人も来ないよ。でも来てる子どもたちはそ

んな不安な様子は全然見せないの。多分、**人にどう見られるかというより、自分の気持ちに対しての見た目が大事**なのよね。見た目が信頼に繋がるように、しっかりさせる。「よく見せる」と言うと少し語弊があるけれど……元気に見せるのは大事ね。だから買い物に行く時に、雨の日だったら真っ赤なワンピースを着たりもするわね。着て行くと自分だけでなく周りも元気になる。雨で店内にお客さんが少なくて、ドヨーンとした感じの空気のところに、真っ赤なやつが歩いて来たらそれだけで気分が違うもの（笑）。

ファッションってね、すごく楽しい。着る服によって雰囲気がガラッと変わるんだから。女の人はいいなあと思うわ。私は、昔はどこへ行くにも作務衣と下駄だったの。けれど、この世界に入った後は、お洋服を買うのが止まらない。ファッションは楽しいものだから、**自分を伝えるためにも、みんなもどんどんオシャレしてみて！**

19

自分磨きもスキル上達も、まずは人真似からスタート。

嬉しいことに、「しおりさんみたいにかっこよくなりたい」と言ってくださる方も多いわ。ありがとう！　誰かに憧れると、自分磨きを始める人も多いわよね。本当にいいことだわ。自分磨きはね、自己流でするより、まず「人の真似」からスタートするのがおすすめ。誰かの真似をして、ポイントを掴

んで上達させるの。自己流も悪くないんだけど、やっぱり**「基礎」という土台は外せない。**メイクだったら美容に関する動画なんかを見て基礎を学ぶことから始める。**自分らしさを出すのは一定のレベルまで到達した後でいいの。**

人から何かを取り入れるという点は、自分磨きだけに言えることじゃなくて、趣味を極めることや仕事のスキル上達にも共通するものがあるわね。私はプロの人がやることをよく見て学ぶわよ。もちろん、それをすぐにできるとは思わないけど。一流を見た方が上達は早いわね。だって**レベルが高ければ高いほど基礎部分がすごくしっかりしていると思う**から。ただ、それを感じ取れるだけの感性を自分の中で育てておかなきゃいけないわね。人から学びを得るために「素直になる」ことも忘れないで。素直じゃないと人から学ぶことって難しいのよね。いろんなことを受け取れる柔軟性があると、新しいこともすんなり身につくんじゃないかしら。

20

意思を持って行動すればマイノリティは受け入れられる。

今はいい時代になったわね。私みたいな、こんな格好をした人間が表に出られるというのが、本当にすごい時代になったと思う。10年、15年前だったらそれはもう大変よ。私がこの姿になりかけの頃は、歩いているだけですごい目で見られることがよくあった。今はみんなが「しおり」を知ってくれて

いるから街を歩けば声を掛けていただくことも多いけど、そうじゃない時代の、特に男性からの視線はすごかったの。よく、「テレビ出演で、カメラを向けられてあがりませんか?」って聞かれるけど、あの頃の〝あの目〟に比べたら、全然平気よ。もうね、1000人の前でもあがらない。まあ、それでも内心ドキドキよ。でも嫌なドキドキというのは、今ではほぼなくなった。強くなったのかな。見られることに耐性がついたのかも。

なんでそんな目で見られたかって、私が「一般的な人」と違ったからよね。でも私は、いつも私らしく、この格好を貫いて目の前のことを一生懸命やってきた。そうやって意思を持って行動してきたから、こうしてファンの方をはじめ多くの人に知っていただけて、交流ができてる。ありがたいことだわ。だから、たとえ**少数派の人間であっても、ブレない気持ちを持って行動を続けることが大事ね。理解してくれる人はきっといるはずよ。**

21

他人からの勝手な評価なんて気にしないで。いいことだけ受け入れましょう。

人からどう見られているのか——それが気になってしまう人も多いみたいね。しおりも、こんな格好しているからか、いろんな声をもらってきたわよ。でもしおりは気にしない。みんなも他人からの評価を気にしすぎないで。しおりの場合、**いいことは受け入れて、悪いことは切り捨てる。**自分のこと褒

めてくれたんだったら「綺麗でしょ」って言えばいいし、もしブサイクって言われたんなら「勝手に言って！」って切り捨てるわよ（笑）。いい評価をしてくれた人のことだけ考えます。

自分が主体なのか相手が主体なのか、忘れないで。必ず自分が主なのよ。**自分がメインで世の中動いているんだよ。**「私」という存在が中心にあって、その周りがあるの。だから、不特定多数が何か言ってくることというのは**自分が気に入れば取り入れればいいし、そうじゃなければ排除すればいい。**自分に都合のいい解釈が正解。そんな心の持ちようでいいんじゃないかなと思う。周りを気にして、やりたくもないことをする必要はないわよ。だから他人の評価に振り回されずいきましょう！

22 頭がいい人というのはスマートに物事をこなせる人。

頭がいいって決して「勉強ができる」ことを指しているわけではないわよね。世の中に頭の切れる人はたくさんいて、そういう人は自分の秀でているところを出すことが上手いの。しかも何かができればいいというだけではなくて、そつなくスマートにこなしている。**臨機応変に動くことができたり、**

相手の求めているものがわかる人ってスマートだもん。

そういう意味ではテレビで芸人さんを見ている時なんか「頭いいなあ」といつも思うわ。彼らは本当に頭のいい集団。トークが上手い人を見ていると、いろんな話をひと通りした後に、ちゃんとオチをつけて笑いを取る。これも単に「人を笑わせる」だけでは成り立たないことだからね。間とかも大事だし。もちろん裏ではいろいろ努力してるんだろうね。でも表に出さず、それを悟らせない。その姿もスマートだなと思います。そう思うと芸人さんってすごくモテるんだろうね。人気があるのも納得。**ある程度何かができて、それができた上でさらに笑いが取れるというのが素晴らしいよね。**

23 たくさん失敗して恥をかいて！

何かを覚えるんだったらまずやってみてから考えればいい。ためらう必要はないの。まずは行動。それに、人前に出れば自然と人が教えてくれる。私もね、今でこそ着物をたくさん着て、着物についてお話する機会もたくさんあるけれど、昔は着付けの手順さえ知らなかった。それまではひどい着方を

していたんだと思うわ。でも「こうやって着るんだよ」って教えてもらって、次の日には自分で着付けをして地下鉄に乗ってたわ。しおりはまず、そうやって人前に出るの。**人前に出ると人が教えてくれる。**おかしけりゃ笑われるだろうし、すれ違う人を見て気づくこともある。だから人に見せることが、上達の近道なのかもしれないわね。

生きてるうちに、いっぱい恥をかきなさい。恥をかくことによって人は育っていくから。引っ込み思案で、何かしようと思っても人前に出ない。それだと何も進んでいかないわ。恥をかいて学習する部分もあるの。恥をかくのは恥ずかしいことでもなんでもないの。「恥をかく」というのは言い換えれば「失敗する」こと。いっぱい失敗していいの。そこから学んだことは一生身に付くわ。

24

自信って、周りの人が作ってくれるものよ。

自分に自信があるのとないのじゃ、人生のいろんなことが違ってくると思うの。自分に自信がないと、コミュニティの中でも合わない人との溝が大きくなる。だから自信があればいろんな悩みもかなり軽くなるんじゃないかな。

自信を持つためには、まずは自分のできることをしっかりできるようになる

こと。できないことをして、自信を持てというのは無理よね。**特別なことではなくて、できることをしっかりこなすことが大事で、その手応えが自信になって次のステップへ発展していくんだと思う。**

私がこんな格好をし始めた頃、実はなかなかスカートが履けなかった。ずっと男だったから当然スカートなんか履いたことないし、脚を出すなんてこともなくてね。スカートを履くのに何が大変かと言うと、「脚を見られる」ことへの自信がないの。だからどうしようかと思ってね。まず最初にハイヒールを履いた。常にヒール。そうやって脚を引き締める訓練を3カ月くらいしたら、徐々に締まってきたの。それでようやくスカートを履くんだけど、日本では履けなくて。韓国のソウルで5日間ほど過ごした時に、スカートで過ごしてみたら履けるようになった。けれど、今度はミニスカートを履く勇気がない。でもある時、ライブハウスにミニスカートで行ってみた。するとそ

こにいたオーナーさんに「脚きれいね」って言ってもらえたの！　その瞬間にすべてが吹っ切れたわ（笑）

自信ってそういうもので、周りの人が作ってくれる。周りの人が自信をつけてくれるんです。**身内ではない全く関係のないような人が褒めてくれると、その人にとって自信になるんです。**それも、聞こえるか聞こえないかくらいサラッと言われると効果絶大。私も塾の子どもたちに時々「……勉強できるようになったな」とポロっと小声で言います（笑）。すると、子どもたちはニコッて笑うの。かわいいよね。周りの人の言葉の力って私たちが思ってるよりずっと影響があるのよね。だからあなたも、周りの誰かに自信をつけてあげるために、気が付いたことはどんどん褒めてあげて！

25

背筋を伸ばして自信に溢れている人は魅力的。

前頁のように、自信をつけることは大事よね。私は多くの人と会う機会があるけど、中でも「この人、自信に溢れてる。魅力的だな」と感じる人には特徴があって。そういう人たちは、背筋が伸びているの。やっぱり、**本人の行動一つひとつに自信がないと、胸を張るということができないから**かな。自信って、その人の中に今まで蓄積されたもの。それが外に表れている。自信をつける手段として、まず姿勢から気をつけてみるのもアリよね！

26

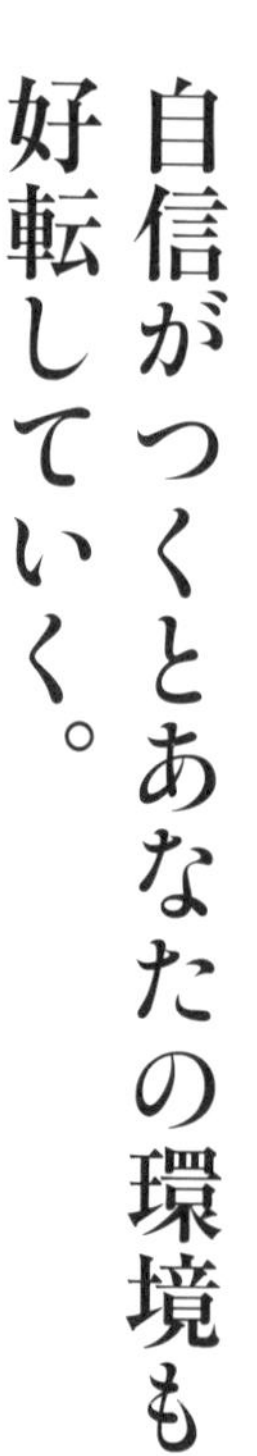

自信がつくとあなたの環境も好転していく。自信をつけられる状況を大切にして。

自信がつくと、人生変わるよ。自分が変わると環境が変わって、そのうち自分自身で変えていけるようになるの。

今ね、登校拒否で学校に行けてない子ってすごく多い。潜在的にもものすごく多い。ギリギリ学校に行けているけど、内心「もう嫌」と思ってる子も

いるでしょうね。こういう子が学校に行けなくなるのって、自信のなさというのがとても大きい。人前で背筋伸ばしてちゃんと何かをできるという自信。私はそういう子の勉強を見ることもあるけど、無理に全部を教えようとせず、理解しやすそうな狭い範囲で教えて、その中でできることを見つけていくの。一般的な勉強とは少し違うかもしれないけど、取り組めればそこから早いわよ。できるようになって結果が出てくると、やっぱりその子もちょっとずつ変わるのよ。自信がついてきていることが分かるわ。

だから、**少しずつ自信がつき始めている状態や、その時の活力を本人には大切にしてほしい。こういう時って、いろんなことが好転していくタイミング**だと思うの。何かをもっとやってみようという気持ちにもなれる。そこから「私、自信を持っていいんだ」って気づかせてあげたいな。

第3章

趣味・仕事のヒント

27

物事はこだわればこだわるほど面白い！極めることに「終わり」はない。

私の趣味の一つにプラモデルがあるわ。本当、ハマっちゃう。今のプラモデルはよくできてるわよね。色までつけてあるんだもの。でも私が好きな40〜50年前のプラモデルはもっと面白いわよ。作りがいい加減なの（笑）。カチッとハマらないのが普通。そうすると、それらを合わせるために加工が必要になってくる。削ったりして加工した後、カチッとハマる。そこが面白い。もうプラモデル歴はだいぶ経つわね。50年近いかしら。でもまだやめないわ。だいたい没頭するとずっとそればっかりなの。飛行機を作った時は実際に飛行機の資料を揃えたわね。もちろん、プラモデルに付属している説明書通りにはめてみれば形にはなるのよ。けれど、そろえた資料にはいつ、どこで誰が乗ってたとか、そんなことが載っている。それぞれの飛行機に特徴があるのよ。だから資料を調べる時にも「この人はこういう癖があるから、ここのステップに足をかける時にこの側面が剥げるのね」と思うし、そういうことを調べるのが大好きなの。改めて考えるとオタクだよね～。

こんなふうに、**こだわればこだわるほどすごく面白くなるの。だから、「ここで終わり」という区切りは設定してないかな。**忙しくなって一旦お休みはしても、またどこかで再開すると思うわ。

28

物事に取り組むときには、軽すぎると続かない。

しおりのモチベーション維持の秘訣を知りたい？　私の場合、**何かに取り組む際に気持ちが軽すぎると続かないの。**プロに近いレベル、お金が取れるかっていうのが自分の中で設けているラインかな。**そこを超えられるかどうか、自分を試すの。**新しい料理をする時には「お店で売れるかな」というこ

とをいつも考えている。すると、3日坊主になるどころかどんどん楽しくなる。楽しいを見つけると続く。反対に楽しくないと終わっちゃうんだよ。

料理だったら、まずは普通にレシピ通りに作ってみる。次は気に入らないところがあればそこを直すためにどうするのかという段階。そこできちんと方向性を定める。そうして生まれたのが私の自慢のチーズケーキなんです。私の中でこのケーキは「今までにない」チーズケーキなの。外はサクッ、けれど中は驚くほどふわふわ。この食感の追求が楽しくてしょうがなかった。

もちろん、**飽きる**こともあるわよ。そしたら次のことをやります（笑）。次のことを極めます。自分の中のラインに達したら、「やったね！」と。それで次に行ける。そこまでの**「出来なさ」も楽しいもの。できないことって実はすごく楽しいのよ。**皆さんも、プロレベルとは言わないまでも、自分の中に高いラインを設定して物事に取り組んでみて。

29

困ったら、その道のプロに聞くのが一番。下調べもして目線を合わせておくといいわよ。

以前テレビの企画で、家の表札を作ってくださいという依頼があったの。私がやるんだったら「木」からかなと思って、まずは表札になりそうな木を見に行った。いくつか見るとイメージが浮かんで、ある程度頭の中で形にしたら、今度は「彫り込もうかな」とか、「彫り込んだのなら絵の具で色を入

れてもいいな」とか、そのへんを練る。そして、道具の準備をはじめる。しおりのものづくりはいつもそんな感じ。でね、その時にお店の店員さんに木材の特徴や彫りやすさを聞くの。そうするともちろん答えてくれるでしょ。すごい硬いよって言われて、だったら無理ねと。そうやって判断ができるから聞くのはマスト。プロの人に聞くとね、何事も突破口になる。ただ、**ある程度は自分でも調べて勉強して、プロの人の話が理解できる準備はしておくべきよ。**そうすると吸収できることも多いはず。この「調べる・聞く」は早めに進めておいて。勉強を終えたら人に話してみるの。そりゃあもう偉そうに（笑）。そうやって**話していると自然と身についてくる**のよ。

同じ企画で、ウッドデッキも作りました。2階建だから、強度を気にしながら土台となる柱を選ぶんだけど、プロの人のアドバイスのおかげで最終的にいいものを作ることができたわ。やっぱりプロってすごい！

30

やりたいことが見つからないのは普通のこと。自分なりの「楽しみ」を見つけてみて。

学生の中には、やりたいことがなくて将来を不安に思っている子もいるかな。あのね、それは普通よ。やりたいことがあって、進路が決まっていて、それに向かっていける人。そういう人は本当に稀だよ。そんな人でも陰ではすごい葛藤してるかも。だからみんな一緒だよ。**迷っていろんなことしてい**

るの。私も今までいろんなことしてきたもの。どれも楽しかった。結局は今が楽しいかどうかが一番よ。やりたいこと見つけるときにも「楽しいかどうか」を重視してみて。でもね、楽しいということだけに限定しなくていい。だって、苦手なことの中にも楽しみというのは見つけられるから。

以前ね、家で猫を保護していた時期があったの。当然、動物のお世話というのは餌やりだけじゃなくケージの掃除もしなければいけないよね。実は私、掃除が嫌いなの。だから最初は「できるかしら」なんて思っていたんだけど。いざやってみるとこれが楽しいんだわ。猫がかわいくて仕方なくてね。猫のためなら全然平気。そういう、**「誰かのため・何かのため」ならできることもある。**「楽しい」以外に、誰かの役に立てるかってことも大きいのかも。

だから、やっていること自体に楽しさを見出せるのなら深刻にならなくて大丈夫よ。進路が多少ブレてしまっても、どうにでもなるんだから。

31

夢は中途半端な気持ちでは叶えられない。時間が限られているのなら「覚悟」を決めて。

私が勉強を見てる中学生の子で、将来獣医になりたいという子がいた。お医者さんというのは、頑張って勉強しても、それだけでなれるかどうか分からない世界。目指すためには相応の覚悟が必要。でもその子は勉強はできるけど、イージーミスがとっても多かった。だから私は言ったの。「**獣医さんでイー**

ジーミスをしていたら、その動物死ぬよ！」。本人にとってはすごくキツい言葉だったかもしれない。でも、その仕事を考えた時、勉強できるできないという問題だけではないと思うの。獣医は、命を扱う職業なんだから。そこを明確に理解してもらわなければいけないと思った。それに、受験まで時間が限られている。タイムリミットがあるんだから、彼女には、その**意識と覚悟を持ってやってほしかったのよ。**

こういう時に、見守る側として「頑張りなさい」とだけ言うのもどうかと思ってる。だから私は、「**あなたが○○をしたら結果はこうなるよ**」ってはっきり言うことにしているの。それが、その子のためになると思ってる。

こんなふうに話しているけど、彼女の成長具合にはとても驚かされているわよ。早い年齢のうちからそういう世界を目指して取り組めるのはとても素敵なことよね。若い頃の私がその姿を見たらとても羨ましく思うはずだわ。

32

仕事仲間を信じることが、仕事をしやすくする。

コロナ禍によって、仕事がリモートワークというのも珍しくなくなったわよね。リモートワークって成果重視。結果が出ていればそれで仕事として成り立つの。今までは目の前で行われて、そこに成果がついてきた。でも今はそうじゃない。見えなくても成果があれば仕事として成り立つ時代。そうな

るとその人が何をしていようが、上の人は結果を見るだけなので、結果さえ出していれば「仕事をした」ことになるんでしょうね。

実際、こういったリモートワークが定着してきているのって、すごいことだと思ってる。だって「信用」がないとできないことじゃない？ **働く方も働かせている方も、お互いを「信じる」ことがとても大切になってきていると思う。**この信頼関係があってこそなの。人の粗探しをせず、多少のことには目をつぶる。得意な分野の仕事を任せて、任された方はそれをしっかりこなす。こんなふうに信頼関係って構築される。若い人はこのモチベーションの上げ方に慣れているから、**上の世代がこの考えを理解しなくちゃいけない。**そうでないと、時代に置いていかれるわよ。仕事って、「働いている人が自分で作り出す」もの。社員の得意なところを伸ばすと、一つのことがちゃんとできて、結果に繋がるよ。こうやって仕事は上手くまわっていくんだと思う。

33

上司は部下のできないところを見るんじゃない。できるところを見て生かしていくのよ。

上司と部下という関係にも悩みは付きもののようね。悩むのは、新入社員や若手社員だけじゃない。上司もよ。部下が仕事できなくて困っている。あれもできないこれもできないと。でもできる上司というのは部下のできるところを見るんです。**だって上司と部下は立場が違うし経験が違うし、できな**

いところが見つかるのは当たり前でしょ？ 部下の欠点を探すのが上司じゃないよね。できないところがあるのは分かったわ。じゃあその子のできるところは何？ そのできるところをいかに有効に使うかが上司の腕の見せ所かもしれないわね。できるところを伸ばすと本人も次第にイキイキしてくるはずよ。できないことばかりをさせるとそれは嫌がる。教育してある程度はできるようになっても、**それがプラスになっていると本人が認識できているかが重要。**じゃないと身についていかないの。仕事には〝自分でやってる感〟が必要なのよ。

会社に遅刻ばかりしてくる営業マンがいたとしても、その部下の長所はきっとあるはず。直行直帰やリモートも認めてあげて、結果が出たらちゃんと褒めてあげて自信を付けさせてあげる。そうしたらいつのまにか遅刻もなくなるかもね。今の時代、上司も柔軟な対応が求められるんだと思うわ。

34

好きなこと＝主観、向いていること＝客観。好きなことで利益を出せるのはすごいこと。

「好きなこと」と「向いていること」、どちらを仕事にすべきか？　しおりは迷わず、好きなこと！　と答えるわ。実際は、向いているかどうかは関係ないと思ってる。**だって好きなことしてる時は楽しいし、没頭できるんだもの。そうなると結果はどちらでもいいと思えるの。**それに「向いていること」

というのは自分では分からない。周囲から見た客観的な視点よ。でも好きなことは自分視点。好きなことはいつでも意欲を持ってできる。向いていることは自分の思うようにいかない時に大変。だから好きなことがおすすめ。

私は塾をやっていますが、子どもたちに勉強教えるのが大好き。子どもたちが分からないことがあるのが大好き（笑）。彼ら、理解した瞬間に顔が変わるの。それはもういい顔。私の原動力。そんなスタンスで仕事ができると一番いいんだけれど、**好きなこととお金の関係はかなり厄介。**お金と結びつけた途端に好きなことではなくなってしまう人もいる。私はレストランもやっているけど、原価計算なんて正直二の次。でもこれは、飲食業を営む多くの方々からしたら考えられない話よね。**利益を考えた枠の中で成果を出さなければいけない。**そう思うと好きなこととお金を結びつけて、それで利益を出せるというのは、本当にすごいことよね。でもそれが理想だと思うわ。

35

自分にないものを楽しく追い求める。そんな風に思えば、大変なことも苦だと思わないわ。

しおりは欲張りだから、自分にないものは追い求めたくなるんです。だいたいは、人を見て盗むの。そうしないと、誰も教えてくれなかったからね。少し昔の話をします。料理が好きで、料理がしたかった私は、東京のレストランへ住み込みで働きに行ってたの。まかないや、寝る場所の用意も含めて何かとお世話になっていたけど、そういうところは低賃金でね。だから本当に目的は「料理」だけだった。下っ端だから、毎日やるのは野菜の下処理ばかり。玉ねぎのみじん切りなんて、涙流しながらやってた(笑)。一見、地味な作業なんだけど、それを何分でこなすとか仕上がりを綺麗にするとか、自分なりに意識してやってみると楽しいのよ。**要するに、心の持ち方次第。**

当時は大学を出て料理の世界に入る人はあまりいなくて。同い年が23歳くらいの人だったけど、もう立場がかなり上の方だった。中学出て7〜8年ずっとやってきてるんだから当然よね。そういう人たちと、大学出てポッとやって来た私との間には埋まらない差があった。そういう意味ではプレッシャーは感じていたけど、それ以上にいろんなことを見て、学ぶ瞬間が新鮮だったな。**みんなができて私はできないのなら、できるようになればいいじゃんって。とにかく、追いつきたい! そんな貪欲な気持ちが軸になってたわよ。**

第4章

子育て・暮らしのヒント

36 子どもには「ペケ」を取らせるのよ。

子どもたちってね、マル（◯）を取ることがすごく好きなのよ。問題集やドリルを渡すと問題全部マルで終わりたいって思うの。だけど問題集で勉強する意味って、自分のできないところを見つけるためでしょう。だから間違いがいっぱいあっていいと思うの。じゃあどうして子どもたちはマルを取り

たいのか？ **おうちの人にマルを見せて褒められたいからなんだよね。逆だよね。**ペケ（×）を取ったら「できないとこがあったね、見つけられたね」って思う。そういう認識にならないと実際勉強できるようにならないの。何ができないかが分かって、それに意欲的に取り組むことができると、前向きに勉強していける。正直、「分かってる」「できてる」部分のことはどうでもいいの。そうじゃなくて、**「間違えたところ」「できないところ」の理由がすごく大事。**私が子どもを指導する時にも、「この子、これができないってことは何が欠けてるのかな」と考える。大元の原因を見つけるのよ。

そのうまくいかなかったことをちゃんと分かって、それを解消できるようにしていくことが、普段の生活でも、スムーズに前に進んでいくためのコツなのよ。だから、子どもにはペケを取らせて！

37

あなたと子ども、「友達関係」になってない？

子どもの様々な問題を作り出しているのは実は親の方なの。もちろん、反抗期を作るのもね。最近は子どもと「友達感覚」でいる親御さんが多いと思う。

「友達感覚」ってどんな関係かと言うと、親が子のために何かを考えてするんじゃなくて、いいところだけ一緒にいる、そんな友達付き合いみたいな

関係ね。この関係ってすごく気楽なんです。一緒に楽しく遊ぶ、一緒に行動する……でも、そうじゃないところは離れちゃう。相手の気分を害するようなことは言わないし、相手のためを思って怒るということもなくなる。結果、傍から見た時に甘やかしているという状況になっている。そして子どもがこの関係を勘違いしたまま育つと、反抗期が強くなってしまうの。甘えていた分の反動ね。

気をつけてほしいのは、「友達関係」をずるずる続けた間に起きた問題というのは、**それを直すのにも同じくらいの時間を要するということ。10年続けたなら10年かかるのよ！**　だから、あなたがお子さんと「友達関係」になっているなと思ったら早いうちに脱して。その子の「親」であってね。

38

子どもの好き嫌いは無意識に親が作っているものよ。

子育てする親が悩む問題の一つが、食べものに対しての「好き嫌い」よね。当然、子どもって好き嫌いが多いんです。なぜかしら？　それは親が好き嫌いを作っているから。嫌いなものを遠ざけて、好きなものばかり与える。自分が嫌いなものも食卓に出さなかったりね。そうすると、子どもも自然と好

き嫌いが増えてくる。**子どもの好き嫌いを直すには、まず親が直さないと。**

体が受け付けないものやアレルギーがあるものは別として、そうじゃないものは、まずは一緒に食べてみる。子どもがその場は食べなくて下げちゃったものも、また次回出してみる。そんな風に根気強く待ってみる。子どものの健康を考えると、「これも食べてほしいな」というものも出てくると思うけど、工夫して出していけば徐々に食べてくれるようになるからね。

野菜の下処理の仕方や切り方だとか、親が持つべき知識なんかはその中で培われていくから大丈夫。そういう親の姿勢が大事よ。子どもは親をよく見てる。**彼らはそんな親の思いを「愛情」だと感じて受け取ってくれるわよ。**

好き嫌いの過程さえも楽しんでいきましょう。美味しそうに食べてくれるのって、とても嬉しいことだしね。

39

子どもは、いつだって親の背中を見ている。

ある時、とあるママさんにこんな相談をされました。「習い事をさせたいけど何に興味を持っているかが分からない」。そうね、分からないわよね。それは、一方的にお子さんのことを見ているだけになっちゃってるからなの。あのね、子どもに何かさせたいなら、まず親が行動するべきよ。**親がめいっ**

ぱい楽しんでる姿を子どもに見せるの。親が何かに一生懸命取り組む。そうすると、子どもはそれを見て覚えるよ。そして自分から「あれがやりたい」と言ってくるよ。将来の夢だってできちゃうかも。**口だけで、あれやりなさいこれやりなさいと言うのはダメ。パパママの姿を見せて、伝えましょう。**見せて伝えることが一番の方法よ。説得力のある中身を大事にしましょう。

パパもね、「休日に子どもの面倒見るけれどママにしか懐かない」って嘆く人いるんだけど、「じゃあママと仲良くして」って言います。ママと仲良くしてたら、その様子を子どもがしっかり見てるわよ。ママとスキンシップもとって。ママと仲良しのパパなら、子どもだって抱っこされてもいいと思うはず。**ママとパパが信頼関係でつながっていれば、きっと子どもにも信用してもらえるわよ。**知らないところで子どもは親のことをすごく見ている。それを忘れないで。

40

子育ても陶芸も力の入れすぎに注意。

私は趣味で陶芸をやっているんだけど、親子の関係は、陶芸のろくろのようだと思います。ろくろというのは台の上に土を乗せて、その土を回転させながら手で力を加えて形にしていく。ろくろで意識するべきは、手に力を入れすぎず一定の型になっているということ。手を均一にして1ヵ所にきちん

と留めてやる。そうすると土は自然と形になってくれるわ。だけど手を留めないと土は暴れる。子どもたちもね、あなたが面倒を見ている時にそんな風にいっぱい動きまわるの。自分の予想しない方向にね。だからと言って**ただ押さえればいいかと言うと、そうではない。**力を入れすぎてしまうと土は歪んでしまう。だから丁寧に手をかざして土に触れる過程で、コツが分かってくるわね。そうやって型をしっかり定めてやると、すごくいい形になって、きれいな器になるんだわ。

子育てもそうよ。押し付けるのではなくて、あなたが子どもを導いてあげなさい。

41

親のバランス感覚を育てて、子どもに手本を見せて。

今の時代、スマホは欠かせないものよね。親が子どもにスマホを与えて、我が子を管理しやすくなる面もあると思います。でも子どもは子どもで、そのスマホでいろんなことを身につけます。いいことも悪いことも。高額なアプリを入れてしまうとか、そんなの今の世の中いくらでもある話よね。

でもスマホを渡さないとどうなるか。今度は子どもから、「なんで私はないの？」と責められます。それですぐに渡してしまうのは前頁でも話した「友達関係」ね。でも今の時代、「渡さない」の一点張りはさすがに難しいじゃない。だから、渡した上でスマホの使っていい部分とそうでない部分、それを子どもにはっきり理解させるのよ。曖昧なままにしてはダメ。親がスマホでゲームしているのに、子どもにはスマホのゲームはダメというのは、それじゃ示しがつかないわ。**自分は良くて子どもにはダメというのは、子どもに一番見せるべきではない姿ね。**親は子のお手本なのだから。何がダメで、どこまで許すのか、**親としてのバランス感覚を育てることがすごく大事。**親が育たないまま、あれこれ制御してしまうと、子どももすぐに矛盾に気づいて「おかしい」と反発します。親がしっかり手本を見せられると、子どもも納得してすんなり聞いてくれると思うわよ。

42

親は成績表を見ないのが一番よ。

子どもの成績表がダメダメで困っている。そんな親御さんに言いたいのは、「大丈夫。成績はね、見ないのが一番よ」ってこと。成績なんかいくつであろうが何も関係ない。本人なりに一生懸命頑張っている過程でしかないから。まだ途中よ。途中なのに良いとか悪いとか言ってしまうのはどうなのかなっ

て。**本人が上に向かって頑張ってる意識が感じられれば、それだけで十分だ**と思うの。

ちなみに、身内が子どもの勉強を見るっていうのは、実際には自分と比べてしまうから難しい。子どもの勉強を見て、「私はできたのに」と思ってしまうんだったら改めて。しかも、そこでイライラしたらもっとダメよ。そういう意味では、子どもの頃に勉強ができなかった学校の先生はいい先生になるよね。勉強ができなかった時の苦労とかを分かってあげられる。**誰かに教える時には、分からない気持ちまで分かってる人が一番なんだから。**

私もね、塾をやっているからか、私の子どもがまだ小さかった時「いいわね、家で勉強見られて」ってよく言われたんだけど。私、まったく見てないわよ(笑)。本人のことは本人に任せていた。だから、進学なんかも子どもが自分で選べばいいわ。好きなとこ行って！って背中押してあげなさい。

43

本人の問題は子ども本人が困ればいい。

おりこうさんだった時期も束の間、気がつけば親の言うことを聞かなくなった子どもたち。片付けをしない、学校の持ち物を平気で忘れる。「うちの子、なんにもできないんです」なんて親御さんは言うけれど……。でも私は思うの。**それ、小さい時に親が全部手伝ってなかった？　そういうのはね、子ど**

も本人にさせておけばいいの。当然、片付けも上手くいかないし、忘れ物もいっぱいするよ。でも片付けができなかろうが忘れ物をしようが、親は手を出さなくていい。本人の問題なんだから。本人に不都合が出てきたら、それは本人が困ればいいことじゃない？

　部屋の片付けもね、手を出してしまったらその場はきれいに片付いて終わる。でもそれをずっと続けていると、子どもは「やらない」の繰り返し。本人にとっては言われっぱなしなだけ。**なら、1度失敗したらいいのよ。本人の力を育てなきゃいけないんだから。**子どもが自発的にいろんなことをしようとする時に本人にやらせてあげる、それが大事なんです。親は見守るだけでいいのよ。でも、しっかり見ていてね。

44

勉強は、好きなことだけして！他の子よりも飛び抜けている「何か」があればいいんだから。

勉強はできると面白い。だからできることをしっかりやればいいと思うの。
だって、今の子どもたちが成長して社会に出る頃に日本はどうなってる？
そう考えた時「全部の勉強ができないといけないのかな」って疑問に思うの。
今は小学校、さらには保育園に入るためのテストがある時代。私立の中学校の入試もあります。高校になったらもうみんなが入試を受けなければいけない。そうやって入試入試で勉強のことばかりの世の中。でもこれから本当に求められる人っていうのは、一芸に長けた人だと私は思うの。**自分の好きなことばかりやっている人。他の人よりも飛び抜けてできる能力というのが、きっと20年先には必要だと思う。**もう今も段々とそうなってきているよね。

だけど今の子どもの勉強って、好きなこと・嫌いなことを選ばせない。嫌いなことも全部しろしろと言う。嫌いなこともできないと、好きなことをやらせてもらえない。なんだかもったいないよね。そういった意味でも自分の好きなことだけする勉強というのがすごく重要になってくると思う。だから勉強は好きなことだけして！　親が「この子はこれがよくできるの」って分かっているなら、その子のそういう部分を見たらいいのよ。好きなことさせて、好きな部分を伸ばしてあげましょう。それがきっと将来役に立つわよ。

45

学校の外でこそ学べることはたくさんある。

学校は貴重な場所で、多くのことを学ぶことができる。でも実際には学校以外で学ぶことの方が多いんです。親御さんの中には学校で学ぶことが全てと思ってしまっている方もいるのよ。子どもより視野が狭くてどうするの。「学校」にとらわれすぎる必要はないわ。もっと言えば、**学校に行けなくなっ**

てしまっても「学び」は終わらない。その子の学ぶ意欲次第よ。

学校の外で学べることは山ほどあるわよ。例えば、人付き合いなんかもそう。「人」と「人」の関わりは人生において切っても切り離せないでしょ。もちろん学校でも多くの人と関わるから人付き合いがないわけではないよ。でもね、**毎日同じ年齢の子と同じ授業を受けてるだけでは体験できないこともある。**世代の違う人と触れ合う機会というのは学校外の方が圧倒的に多いもの。だから、今の子たちはボランティアなんかでいろんなことをすればいいと思ってる。ボランティアって社会貢献ができるのと同時に幅広い世代の人と交流ができる。そういう経験って、その場だけでなくてその後何十年と活きてくるから大切にしてほしいな。アルバイトもいいわね。内向的な子は、無理してたくさん喋ろうとする必要はないわ。多くの人と関わる中で、見て、感じ取ることができたらそれで十分よ。

46

井の中の蛙でいいじゃない！

「井の中の蛙」という言葉があるわよね。自分の住んでいる井戸が世界の全てと思っている蛙。私たちも大なり小なり井の中の蛙ね。基本的にはそれでいいと思うの。**その時の自分の世界で目いっぱい生きればいい。でも、ひょんなことで井戸が壊れて外の世界が広がったら、その世界に飛び込んで新し**

い経験をしてみることも大切ね。

私たちがそうなのだから、子どもだってそう。広い世界をまだ知らずに自分の世界だけで物事を判別していく、まさにここでいう「蛙」そのものなんじゃない？　でもよく親御さんに言うんだけど、**子どもって1歳でも1歳なりに目いっぱい生きてる。**たかが1歳、されど1歳よ。もちろん、5歳でも目いっぱい生きてる。みんなそれぞれの世界で目いっぱい生きてる。でもその子が外の世界を見たいと言い出したら、できる限りそうさせてあげて。上手くいかないのが分かってても、せっかくしたいと言いだしたならそうさせるべきよ。特に進学や勉強に関しては、親はあくまでサポート。子どもが目いっぱい生きようとしているのを邪魔しちゃうと、親子関係が上手くいかなくなるわよ。その時その子が見ようとしている世界を大切にしてあげて。

47

きょうだいの喧嘩は見守って。それも彼らの愛情表現だから。

きょうだいがいるご家庭で、上の子と下の子が喧嘩ばかりして心配な親御さんも多いわよね。元気なあまり、喧嘩しだすと何が始まるかわからないしね(笑)。でも大丈夫。喧嘩させといてＯＫよ。喧嘩もね、愛情表現の一つなの。

喧嘩するのは、それなりに距離が近いからなのよ。二人に距離があったら喧嘩しないもの。胸の内をさらけ出せているのね。**「喧嘩するほど仲がいい」はその通り**だと思ってる。そのうち彼らも育っていって、お姉ちゃんはお姉ちゃんらしく、お兄ちゃんはお兄ちゃんらしくなっていくよ。下の子もその姿を見て少しずつ大人になるよ。

あとは上の子に、下の子をある程度任せてみるのもいいかも。上の子がママの代わりになると、下の子のことをもっと可愛いなと思うんじゃないかな。それで下の子は、上の子が好きでしょうがないからもっと懐くよ。だからそんなに気を揉まなくていいのよ。彼らのことは彼らに任せていいけど、親は目を離さないで見守っていてね。

48

おばあちゃんは孫の問題に対して何もしないのが正解よ。

姑との付き合い方に悩まされている人も多いわね。**生きてる時代が違う人と話を合わせるのは大変。**年上の人は時代感覚が違うでしょう？　それでいろいろな指摘をしてきた時に、こちら側と話が食い違うの。しかも上の人はその食い違いを許さない。だから向こうが許さなければこちらが折れるしかなくなっちゃう。合わせる以前に、会話そのものを選ぶ必要があるわね。私だったら別居して終了かな（笑）。だってそのストレスを抱えて暮らしていくのは大変だもの。元気でいるんだったら時たま見に行くぐらいがいいかなと。

実際おばあちゃんの言うことを聞くのは大変です。すごく大変です。本当は彼女がそこを分かって弁えなきゃいけない部分だと思うけど。まあ、いろいろ言ってくるのも、おばあちゃんが息子夫婦同様に心配をいっぱいしてるからなんだよね。**心配するのはいいんだけど、その心配に関しておばあちゃんがなんとかしようとするのが間違い。**おばあちゃんの口出しっていうのはすごくピントがずれてるからね。それはね、息子さん夫婦が片付けるから大丈夫よって、安心させてあげて。

要するに、金は出しても口出すな！ってこと（笑）。おばあちゃん、淋しいかもしれないけど息子夫婦を信頼して任せてみてね。

49

自立させるためには一人暮らしをさせよ。

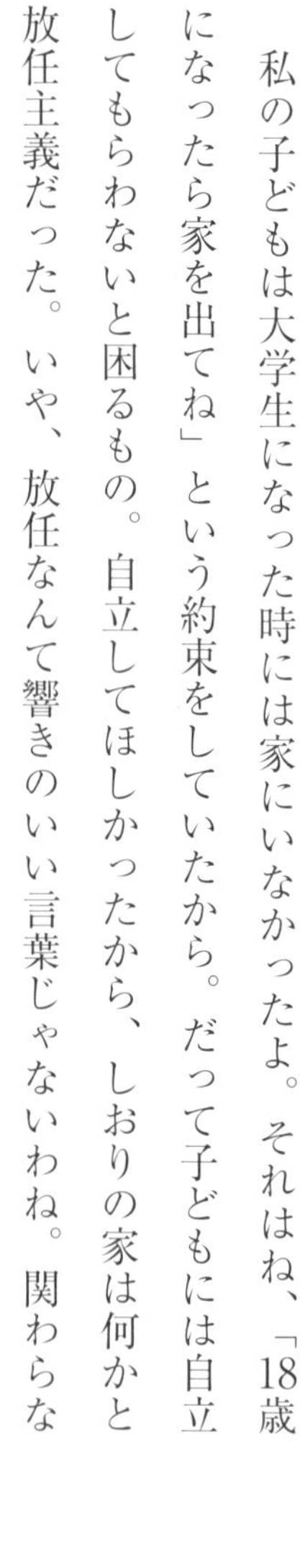

私の子どもは大学生になった時には家にいなかったよ。それはね、「18歳になったら家を出てね」という約束をしていたから。だって子どもには自立してもらわないと困るもの。自立してほしかったから、しおりの家は何かと放任主義だった。いや、放任なんて響きのいい言葉じゃないわね。関わらな

いスタイルなの。子どもの勉強はうちでは見ないし進学に関しても口出ししない。相談されれば答えるぐらいで。

やっぱり子どもを自立させるためには、一緒にいちゃダメ。実家にいると、ついついどちらも甘えちゃうの。**子どもも甘えるし、親の方も子離れができなくて甘える。**過保護なパパママだと特にね。だからある程度の年齢になったら一人暮らしは必要。親は干渉しすぎちゃダメだけど、一人で暮らすための準備だけはしてあげて。送り出したら、後は本人に任せて大丈夫。自分ですることいっぱいあるからね。心配無用。一人暮らしのメリットは自由よ。子どもも慣れたら全然帰って来なくなるわよ（笑）。

50

ケチは悪いことじゃない。節約自体を楽しんでるんだったらいいんじゃやない？

お金に執着のないしおりだけど、生きていく上である程度のお金は自分でやり繰りしなきゃいけないとは思う。そう思うと倹約家の人はすごいなと感じるわね。目標に沿って節約するってね。世の中には節約術というのもあるけど、それを実行できるかどうかはまた別の話だもの。**実行できない人が多**

いからすごいなと思うのよね。そんな倹約家の人たちって、価値観の違う人から見たら「ケチな人」。ケチって聞くと急にマイナスイメージかしら。なんでケチってダメなの？　ケチでもいいじゃんって私思うの。**節約自体を楽しんでいるんだったら悪くないんじゃない？**って。

楽しいことって突き詰めちゃうでしょ。その人には節約するスタイルの方が合ってたってことなんだったら、なんだか総合的に考えるとお得よね。しおりの頭には「節約」のせの字もないの（笑）。そんなしおりからしたらコツコツお金の管理をできる人はある意味スーパーヒューマンかも！

51

家事はモチベーションを上げにくい。だから口出し厳禁よ！

家事に、第三者からのアドバイスは要らないわ。よく姑が口を出してくる、なんて聞くけど。例え下手だとしても、お嫁さん、やってるだけ偉いわよ。家事の上手下手というのは個人差があるの。**家族がそれをどう感じているか、受け取る側との差も当然生まれる。**

家事ってね、結果がなかなか評価されないの。料理して食卓に出した時に、はじめの1〜2回は「美味しい美味しい！」ってリアクションしてくれることはあるわよね。でも、そんなこと毎回は言ってられない。だから、それからはそのまま食べちゃう。**そんな評価されない家事で、モチベーションをずっと上げたままやっていくのは大変なのよ。**継続してやっていくことはとっても大変なんです。だから上手いとか下手とか言ってはいけない。手助けしたいなら黙って家事のフォローをすればいいんです。下手だったとしても、なんとか変えようなんて思わないで。ただフォローすればいい。足りない部分をフォローしながら持ちつ持たれつでやっていくのが家庭なんだから。

52

家事は時間や日にちではなく、項目を分担して。それぞれの守備範囲内には立ち入らないこと！

むかし私の子どもがオーストラリアにショートステイした時に、お世話になるご家庭に行ったことがあります。そのお宅でパーティがあって、私たちのほかに二家族いたの。パーティがひと通り終わった後、そのご家族のパパさんたちが食後にすくっと立ち上がるから「何かな？」と思ったら、率先し

て洗い物をし始めたの。その間、奥さんたちはワインを持って楽しそうに談笑している。後で奥さんに聞くと「洗い物はいつもこうよ」と。その時だけじゃないということにも私はびっくりよ。感化されて、帰国してから早速女房と家事の分担を始めたわ。

家事の「分担」ってね、ちょっと手を出して、自分の好きな部分だけやって満足……そういうものではないよね。よく旦那さんがゴミ出しをした、なんて聞くけど「そんなん当たり前だわ」と思うもの（笑）。ゴミの一つ出しで何が偉いのよって。

それぞれの役割を認識した上で分担して、それぞれが任せられたことをきちんとするのが正しい分担よ。そしてそのバランスは崩しちゃいけない。どこかにしわ寄せが来てしまったらその人は大変よ。**自分の役割はしっかり果たして、逆に相手に任せた部分は任せっぱなしでOKなのよ。**

あとは、張り合わないこと（笑）。実は、子どもの弁当作りの当番を、1週間の中で女房と私で分担していたことがあったの。でもほら、私は料理が得意だから……二人の弁当のクオリティに差ができてしまっていたの。すると女房は無理に頑張って作るようになってね。あの時はかえって負担にさせてしまったな、悪いことをしたなと思った。だから、家事は時間や日にちではなく、項目で分担するのがいいと思う。お互いの心に余裕のためにもね。家事の分担というのは、**相手を思うということが根底にあるからできる**のよね。相手の仕事が軽くなるだけでなく、もっと突き詰めたら「相手が休める、何かできるぐらいの時間が取れる」というくらいの分担を目指せたら最高よね。

第5章

人間関係のヒント

53

もつれの原因を見直して、ほぐすことが大切。

人間って思考も価値観も人それぞれなの。だから、生きていれば衝突だってするし、人間関係が上手くいかないなんてこともあるんじゃないかしら。そんな時、私たちは**その原因を見ようとせずに無理をしながら生活してしまう。**うまくいかないところをカバーして、そこで出たボロをさらにカバーす

るから、どんどん関係はもつれていってしまうんです。スマホの充電コードだって絡まったままのぐちゃぐちゃな状態だったら嫌じゃない？　あの絡まりが心にもあったら、遅かれ早かれいつかあなたを苦しめる。だからその部分を見直して、元をすっきりさせると、先まで全部ほどけるのよ。大事なのは、**もつれた時にすぐにほぐすこと。**ほぐせないところまでいかないうちにね。

そうすると不思議といろんなことが素直に相手に話せるようになるし、相手の言うことも素直に受け取れる。もちろん人間関係だけじゃなくて、仕事や勉強だってそうよ。**何につまずいているのか、見つめ直して原因をすっきりさせてやる。**それができたら〝何に悩んでたんだろう？〟ってくらい物事がスムーズに進むようになるわよ。

54 人のいいところを見つけられたらストレスも減ってくる。

友達を作りたいとか、交友関係を広げたい人は、まずは人ときちんと向き合うこと。親友だって、待っていてできるものじゃない。人を探す。本当に親友が欲しければ、自分でその親友を探さないと。探さずに、ごく自然に親友ができるなんてことはそうそうないよ。

仕事でも言えることなんだけど、**人と関わる時に、まずは人のいいところを探してみて。人の欠点が目につきやすい人はストレスも増えちゃう。**実際、人間ってその人の一部だけを見てストレスを感じていることが多いんです。そうじゃなくて、その人の全体をちゃんと見て、いろんなことを分かった上で、許せるところ、許せないところを判断しなきゃ。結果、どうしても許せないんだったら、もうその人からは離れるしかない。でもストレスも思い込みという部分が大きいから、ストレスを感じたら、自分が「嫌だな」と思う根本の原因は何なのか、改めて考え直してみることが必要。それができないとそのストレスは大きくなるばかりよ。

ストレスをね、消そう消そうとしなくていい。**大切なのはこれ以上モヤモヤを大きくしないこと。**未然に防ぐ。ストレスで動けなくなってしまう前にそういう気持ちのコントロール法を心のどこかに覚えておいてほしいわ。

55

会話の中にクスッと笑える部分を取り入れたい。

楽しい会話は人にすごく伝わりやすい。だから私は話をするときに、どこかで笑える部分を必ず入れたいなと意識しているの。クスッでも何でもいいから、ちょこっと笑えるようにね。なんて言って、シュールな話で面白くないじゃんって言われたらどうしようかなと心配しているしおりです（笑）。

笑いを取るという話でいえば、場違いなことを言ったり、奇声を上げたり、そういう過剰なパフォーマンスで笑いを取る、というのが最近多いわよね。そうじゃなくて、やっぱり言葉の中のユーモアで笑いを取りたい。「笑うこと」は生活に欠かせない。だからすごく大事で、**話のはじめに笑いがあったら、その相手との会話で何を話しても楽しくなりやすい**んじゃないかな。まあでも、笑いを取りたい意識があっても、ちょうどいいユーモアというのはなかなか難しいのよね。それと、話す相手によってやっぱり若干ツボが違ったり。それがすごく難しいわ。

でもね、ダメだったらもう最後は転ぶんだわ（笑）。どうしても笑いが取れないようなら転ぶの。「転んじゃった〜！」って。新喜劇みたいに明るくね。それで場が和やかになるんだったら全然いいと思うのよ。

56

不安な時に話せる人を見つけておいて。

不安な時は近くの人に話をしてみて。不安はね、自分だけで抱え込むとどんどん大きくなるばかりで、なくならないんだわ。でも不安なことを人に話すだけで、その不安が半分になる。2人に話せば1／4になるの。

私は店をやってることもあって、お客さんからの相談事が多いの。相談者に言うのは「よく私に思い切って話してくれたね」って。**勇気がいることだと思うけど、話すと心が軽くなるでしょ。だから話すだけでいいの。それが大切なんだから。**

身近に話せる人がいるならいいけれど、話す人がいないとなったら、それは大きな問題かも。普段から腹を割って話せる人がいることは重要よ。不安な時や悩んだ時にどうしようもなくなっちゃうからね。じゃあ、そういう人をどう見つけるのか。**なんでも話せる関係性の人というのは、まず自分が心を開いていないと見つけられないと思う。**だから、まず自分が自分のことを話していけたらいいわね。そうしていると自然と仲が深まってくるわよ。

一見平気そうに見えても、心では誰かに話を聞いてほしい人というのはこの時代たくさんいると思うの。だから、あなたのそばにいる人がSOSを出していることを感じたら、耳を傾けてあげて。その人は心が救われるはずよ。

57

挨拶は、気持ちを行動で表す大切なもの。

挨拶も大切なコミュニケーションの一つよね。私がいつも気をつけているのは、別れ際の挨拶をしっかりすること。会った時は、まだその後も顔を合わせるからいいとして、別れる時はその場から離れるわけだから。うちでも「おやすみなさい」や「いってきます」というのはしっかり言うようにしてたわ

ね。そういえば塾の子どもたちも、みんなちゃんと「ありがとうございました」と言って帰るわね。別にそうしろと言ったわけではないけれど。やっぱり黙って出て行くのは気まずいのかしら（笑）。ごく自然に挨拶が出てくるのはいいことよね。挨拶すると場の空気がほぐれる感じがあるしね。

挨拶と似ているのは、履物の脱ぎ方かな。私、剣道の道場主やってたんだけど、道場へ入るときには履物を揃えて脱ぐ。それがちゃんと揃えられていないと、外に捨てられるの。私が全部捨てちゃう。それくらいちゃんとした気持ちで道場に入ってほしくてね。**気持ちって行動で表すものでしょう。思ってるだけじゃダメ。感謝してるんだったらその感謝を表すのが筋よ。**だからそれを「履物を揃える」という形で表して、見えるようにするの。剣道が強い弱いなんてことはどうでもいいの。何かをする時に心構えを作っていく、というのが重要。挨拶も、「気持ちを行動で表す」ことだから大切なのよね。

58

歳を重ねても素直な心で物事を受け取りたい。

素直に物事を受け取るのって大事。これね、ある程度歳をとるとできなくなるの。だから私も気をつけているわ。**経験を積めば積むほど譲れない部分が出てくる。**でもそんな思い込みは覆された。それもこの料理の世界でね。少し前に、ホテルの料理人の方々と接する機会があったんです。それはし

おりの料理を彼らに再現してもらうイベントのためなの。それはまあ貴重な体験！ ホテルの総料理長が私の言うことを聞いて料理するんだもの。今までにはない時間。驚いたのは、あの人たち、何ひとつ文句も言わずにやってくださる。そりゃあ言いたいことは山ほどあったと思うわ。たたき上げで料理を突き詰めてきて、味に関することは知り尽くしているのよ。そんな人たちが、私の指示で、今までのセオリーにないものを作るというのは、彼らにとってはたいへんなことだと思うのよね。

同時に、時代も感じたわ。昔とは違ってきている。昔は総料理長の言うことが絶対だったのよ。周りは誰一人何も言えない。でも今回そんな雰囲気はなかった。世の中は変わっていくんだなと思った。**素直になって仕事をすると、より良いものを作れるんだろうね。**料理人のみなさんは私の思いを素直に受け取ってくれた。感謝ね。素直な心でいることの大切さを再認識したわ。

59

親孝行をしたいあなたの気持ち。それだけでも親にとっては十分なのよ。

他界した母の話をするわ。彼女はね、感情をあまり表に出さない人だった。足腰が悪くて、施設に入所してからも、会いに行くと寝たふりばかりしていました。私がみんなの前で歌ってみせても、車椅子に座ってずっと下を向いて寝たふり。でも、私がちょっと面白いことを言えばクスッと笑うの。多分

恥ずかしがり屋だったんじゃないかな。

そんな母との思い出で一番覚えていること。母が足を怪我していた時、家の階段の上り下りが難しいから私が彼女をおぶっていたんです。お風呂なんかも私が背負って連れて行き、お風呂から上がった母をまた部屋まで運ぶの。背負っている時、母は何も言葉を発さない。ニコリともしなくて。私は息子だから、それが彼女のスタイルだと静かに理解していたわ。

でも亡くなった後に親戚伝いに聞いたの。**母はあの時間が大好きだったと、とても喜んでいたそうよ。それを聞いて、ああ、思いは伝わっていたんだな**と分かって、涙があふれたわ。母はもう今はいないから何もしてあげられないけど、もしあなたが親孝行できる状況にあるのならしてあげて。でもね、なかなかできないという人も、あなたが親御さんを思って気にかけるその気持ちは、ちゃんと伝わっているから安心してね。

60 人に頼ることは悪いことじゃない。

現代の人たちって、「周りに迷惑をかけたくないから」と言って人との関わりを自分で断ち切ってしまう人が多すぎると思うの。みんな、もっと人と関わって！　責任感が強いのはいいことだけど、抱え込みすぎたら倒れちゃうわ。人に頼らないことを「自立」と考えているのなら、それは間違いよ。

「自立」は人と人との間に出来上がるものだと思うから。

あなたの周りにいる人に頼ることは全然悪いことじゃないわよ。人というのはみんな繋がってます。縁っていうのは、どこでどう繋がっているか分からないものなんです。だからあなたが声を上げないと周囲にも伝わらない。**本当に大変な時があったら、「助けてください」と素直に言ってみて。それが大事よ。人に頼ることで自分を見直すこともできるし、自分の弱さを認識することができるの。**あなたにとって成長できるタイミングなのよ。

61

準備しすぎた言葉より、生きた言葉。タイムリーな言葉が届くのよ。

人前で話をすることになった時、予め準備をせずにその場で頭に浮かんだことを話してみるのもいいんじゃないかと思う。実際しおりもね、講演会で、頭の中でテーマだけ決めて話す時がある。というかそれが合っているのかも。あまり考えすぎず、作り込みすぎず、自然にね。やっぱりその方が自分のあ

りのままの言葉が出てくるから結構好きよ。準備していた言葉ってタイムリーにならなくて、ちょっとずれちゃうことが多いのよね。

この前も結婚式のスピーチをしてほしいと頼まれたの。結婚式のためにその人のことをいっぱい聞いて準備したスピーチももちろん悪くはないよ。でも、その場で新郎新婦の顔を見て感じたことを、心を込めて喋ったスピーチの方が「生きたスピーチ」になると思う。テレビに出る時に読まされるカンペもそうよ。読むことに集中しすぎたらつまらないの（笑）。そしてそれがお客さんにも伝わるの。不思議ね。

細かい部分までしっかり準備してというよりは、ベースの部分だけでいいのよ準備は。基本的なことだけ確認しておけば、あとは自分の言葉で話せばいい。**準備した言葉だと、すごくいいことを言ってもなかなか人に届かないことが多いの。**そうやって生きた言葉を届けられたらいいなと思ってるわ。

62

自分と合わない人と出会ったとしても、それはプラスの体験よ。

世の中いろんな人がいる。そして生きていると自分の意に沿わない人にも出会う。こういう時にイライラしたり悲しくなったりする人は多いかもね。考え方の違いというのは人それぞれあって当たり前よ。**物事に対して、見ている位置も違うし、見る深さも違うし、見る方向も違うもの。**そういう人

に出会うってことは、「こういう見方もあるのか」「こういう方向もあるのか」と感じる機会があるということ。だから**その発見は無駄にはならない**よね。賛同するかどうかは別の話だけど。

もちろん、「そんな見方おかしいわよ」と思う時もあるわよ（笑）。でも人と人がそうやってコミュニケーションを取ろうとすることは、**「偶然」じゃなくて「必然」なんだろうなって思うの。**そんなふうに交流するために出会ったんだろうなと。そう思うと、せっかくだから少し分かろうとする努力をしてみよう、なんて意識が芽生えたりもするわ。要するに自分にとってプラスの体験なのよ。とは言ってもみんなそれぞれの世界観を持ってるよ。みんな持ってる。だから意見の合う人ばかりじゃなくて、そうじゃない人たちもいて当たり前、と思うようにすると楽に生きられるわよ。

63

許せる嘘は許してあげて。

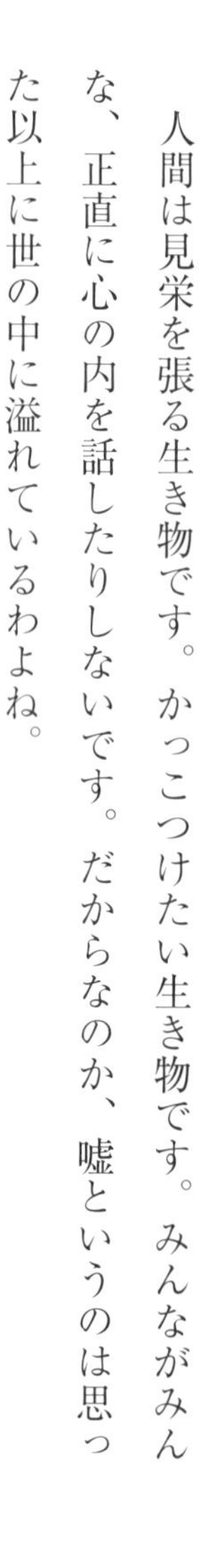

人間は見栄を張る生き物です。かっこつけたい生き物です。みんながみんな、正直に心の内を話したりしないです。だからなのか、嘘というのは思った以上に世の中に溢れているわよね。

私はね、嘘をつくことがいいことだとはもちろん思わないけど、その中で

も「許される嘘」ってあると思うんです。例えばとある受験生の子が面接を受けて、面接官に、普段どう過ごしているかとか、いくつか質問をされる。緊張した子どもはその子の普段の様子とは違う回答をする。でも面接官はそれ以降その話を広げない。面接官が追求しないのは嘘を感じ取ったから。こんなふうに**嘘だとわかっていてもあえて追求しないことがある。その場で終わらせずに追求すると、その子はもっといろんな嘘を言わなければいけなくなってしまうから。**これは優しさよね。

　あなたも、嘘に気づいて、それが許せる嘘だと思ったのならちゃんと許してあげるのよ。そうするとちょっと優しくなれた気がするでしょう？　そしてあなたが嘘をついてしまった時に、優しい誰かに許されるのかもしれないわ。

64

落ち込んだ時は人前に出て人に会うといい。

しおりにだって落ち込むことの一つや二つあるわよ。あまり言いたくないけど、少し前に自宅のキッチンでバランスを崩して頭をぶつけてしまったの。少し気を失って、ちょっと出血して病院にもお世話になってね。それはかなり落ち込んだわ。「私ってすごい歳なのかな〜」ってね。もう、私にしては

珍しくすごく落ち込んだの。でもその時に周囲の助けがあって、**その「周りのしっかりした強さ」ですぐに立ち直ることができたわ。**立ち直れたから、日課で配信しているSNSのメッセージ動画もいつも通り撮影することができたし。私が元気に振る舞えるのは周りの人のおかげだなと実感した。周りが元気にしてくれる。私に元気が戻って来たのはそれが大きいわね。だから落ち込んだ時っていうのは、人前に出て人に会うことが大切よ。**落ち込んだ時に落ち込みすぎて、人を避けて、どんどん孤独になるのは良くないから。**人前に出て、自分を見せましょう。みんな自分が思っているよりもすんなり受け入れてくれるはずよ。

65

上手い下手ではなく、気持ちを込めること。その心がみんなに伝わるよ。

私ね、ディナーショーをしていてよく感じることがある。不思議よね、私が恥ずかしがって歌うと、聴いてる人も恥ずかしくなってしまうの。そういう意味では、人前で何かする時には、自分が吹っ切れてないといけないわね。自分がしっかり飲み込んだものを素直に出すことが一番大事で、決して「上

手い下手」ではないんだと思う。歌の上手い人はもちろんすごい。でも、歌の上手い人が歌ったら人の心に必ず伝わるかというと、そうではないかな。よく私ね、歌の練習のときに、歌詞の意味を感じて涙をポロポロ流しちゃう時があるの。そういう時には泣きながら練習するんだけど。でもそれを踏まえて歌うと、やっぱり歌が人に伝わりやすくなってるの。だからね、何事も**上手い下手より気持ちを伝えるものなんだ**ということを改めて実感してる。気持ちを込めることによって、楽しさだったり情熱だったり愛だったり……その思いが、いろんなことが、人に伝わり始めるのよ。

子どもが、母の日や父の日に親に料理を作ってあげる。盛り付けも綺麗じゃない。料理をテーブルに置く手には絆創膏が貼ってあるかも。でもその子の気持ちを感じるから、してもらった方はすごく嬉しいんだろうね。上手い下手は関係ない。**人の心を動かすのはいつだって人の気持ち**なんだよね。

66

お酒を飲むと、素の自分が出るから気をつけて！

お酒は楽しい雰囲気を作り上げてくれるわね。今はもうずっとお酒を飲んでいないけれど、お酒を飲んでる人を見ると、いい世界だなと思うわ。
ただ、飲みの場というのはいろいろあるわね。例えば、お酒を飲んでいると「他人の話」が多くなる。まだその人が目の前にいる場合はいいんだけど、

そうじゃないところでウワサ話をするのは苦手なのよ。**人がね、それぞれに向けてる顔ってみんな違うんじゃないかと思うの。**こちら向いてる時の顔と後ろ向いてる時の顔はちょっと違う。裏表がない人だったら同じ顔できるんだろうけど。それがお酒が入ると顕著に現れる気がするかな。**それがプラスになる時もあれば、そうじゃない一面を見せてしまう時もあるん**だと思うわ。だからお酒を飲むときは気を付けて。

67

お金にこだわらない人間関係が理想。

私は死んだ時にね、借金がない、そして貯金もないというのが理想なの。

子どもに何かを残そうなんて一切思わない。子どものためにそれなりのことはしたからね。ちゃんと育て上げたのなら、お金のことはそれで十分。あとは自分のために使うべきだと思うわ。生活する上でお金が回っていればいいんじゃないかしら。貯めることは何一つ考えていない。だって子どものためになるかな？って思うの。残したってろくなことはないわ。残したお金を子どもが受け継ぐ時に、子ども一人だったらまだいいけど、そうじゃないと大変よ。ある程度の歳になると周りにしがらみがいっぱいあるのが分かるから。そのしがらみの人がいろいろ言ってくるのはすごく嫌なことよ。

いま私が、仕事のオファーをありがたくいただいて選択する時にも思うけど、**お金で自分のやることの価値は測れない。**だから金額が高い低いというようなことを理由に、何をやるかを決めることは少ないかな。私はお金に執着がないみたい。ある意味問題かしら（笑）。

お金がありすぎるとトラブルも付きものよ。**お金で人と仲良くはなれない。**反対に、お金で人を嫌いになることはあるわね。お金の切れ目が縁の切れ目、なんてギスギスした生き方は絶対しない方がいいわよ。

68

マイナスな面が強い会話では、「感動」は生まれない。

私、「感動すること」って大事だと思ってる。何かを見たりすること以外に日常でもよ。会話でも小さなことでも拾って、受け止めて、感動する。そういう心を育てられたらなと。そうすると人生すごく豊かになると思うの。

実は私、噂話って苦手なんです。モノの話だったらいくらでもできるけど、ある人のことを、その人がいない場でペラペラ話すっていうのがどうにもできない。でも、女の人は結構そういうことがあるわよね。まだその人のいいところを褒める会話だったらいいと思う。でも女の人二人いてね、誰かの悪いところの話をするっていう場面が時にはあったりするよね。その場ではね、すごく話が盛り上がったかもしれない。けれど相手の人、本当はそう思ってないと思います。その場に合わせて言ってるだけで実際はそう思っていないかもよ。

そうやって、**人の悪口や噂話ばかりしていると、「感動」というのはまず出てこない。**やっぱりみんなプラスのことで感動するでしょう？　マイナスな面が強い会話ではどれだけ話しても感動に結びつかない。だから**プラスなことに触れられる機会**を自分に増やしてあげましょう。

69

人は自分の「弱さ」と向き合う必要がある。

人間には甘えの心がある。甘えはある意味「弱さ」とも取れる。もちろん甘えないから強いということではないよ。

「弱さ」と言えば、私の父を思い出すわね。父はね、もう他界してるんだけど、お酒の依存症で、常に体の中にアルコールが入っていた。だから当然仕事なんかできなくて。いつもマイナスなことばかり考えるし、少し気に入らないことがあれば暴れる。母は大変な思いをしたんだろうなと思います。

実は、彼は自分で命を絶ちました。暴力を振るうもんだから、父から母を離して距離を置いていた。すると今度は寂しくてしょうがない状態になってしまった。心の弱さが出たんだよね。魚釣りが好きな父。飲酒していない時の、純粋に魚釣りを楽しむ姿が好きだった。けれどお酒が入ると人が変わってしまう。弱いからお酒に頼ってしまう。私は彼を見ていて、「自分は絶対こうはならないぞ」と思った。反面教師だったの。でもね、未だに「生きてたら一緒に魚釣りに行けたのにな」とか思う。私が料理を始めたのも父の影響がすごく大きかったの。だからこそ、その弱い部分を見て、思うところはたくさんあったのよね。**人は誰でも弱い部分はあると思う。だから、弱さで自分を見失う前に、誰かが悲しむ前に、自分自身と向き合えたらいいわね。**

70

競争することに一生懸命になりすぎないで。

人間って、何かにつけて順位をつけようとするわよね。誰が一番だとか、誰々よりは勝ってるだとか。自分のモチベーションを上げるために、「競争」するのは悪くない。だけど、競争することに一生懸命になりすぎないでね。競争心が強いことはいいの。ただ、負けたくないから攻撃的になるのは違う。あくまで、**競争する中で努力する「自分」がいい**のだから。だからもしライバルを作るなら、お互いニコニコしながら競い合える関係が最高かな。

人を憎んだり恨んだりするのは心の負担が大きい。あなたの未来のためにもすぐ忘れて！

私、「憎む」とか「恨む」って感情はあまり分からないし、ほとんどないのよ。まあ、そういう感情を持ってしまう人もそうなるまでにいろんなことがあったんだと思う。でも、人を憎んだり恨んだりするというのは大変よ。心の負担がすごく大きいの。忘れなさい！　あったことを引きずらないのが一番なの。他人を変えることは難しいけれど**自分の未来はコントロールできるんだから、相手のことは忘れて、自分の気持ちを楽にするために許してみて。**

72

運命の人は後になってから分かるものよ。

恋をすると、その相手をすぐに「運命の人」だと思ってしまうことって多いわよね。でも本当の運命の人ってきっとその時には分からなくて、後から「この人は私にすごい影響を与えたな」と思う時が来るの。そこでようやく運命の人だったと分かると思うのよ。**運命の人がいないとは思わないけど、存在**

に気づくのはかなり後になってからね。

あなたが誰かと出会って、「この人、運命の人かもしれない」とか「初めて会ったのに前から知っているような気がする」と思ったのなら、彼は随分やり手ね。ある意味危ないわよ（笑）。自分の理想に近くて、いいと思うポイントがいくつも重なると、「ああ、やっぱり（運命だ！）」と思っちゃう。相手も同じように思ってくれていたら、それはすごくラッキーなことだけど。ただ、すべてを鵜呑みにしちゃダメ。恋愛には落とし穴もあるんだから。

73

恋愛の最初は「虚像」だと考えるべし。

恋愛の怖いところってね、その人が感じ取っている「相手のイメージ」と、「相手の本当の中身」のズレが生じてしまうところよ。自分でどんどんイメージを膨らませてしまう。だから、**後から思えば「なんだったの」ということが、恋している最中にはなかなか気づかないの。**

例えば、今ってマッチングアプリを使って出会うという人がすごく増えているわよね。時代の流れを感じるわ。そんなマッチングアプリだけど、ユーザーは要するに他人同士よね？　それぞれ相手の素性が分からないからこそ、いくらでも自分のことを繕えてしまうという特徴があると思うの。もちろん、はじめから自分自身をさらけ出す人なんてそうそういないと思うけど。

そうすると、まずはその人の虚像を見るところからスタートする。**最初に見ているのは「虚像」なの。**相手から見たあなたも「虚像」ね。そして、その後デートを何回か重ねると、ようやく本当の「実像」が見えてくる。ところが今の世の中、実像が見えないままずっと進んでいってしまう、というケースも多いのよ。いい人が現れてあなたが夢中になっても、「今見ているのは虚像かもしれない」という意識を頭の片隅に入れておいてちょうだい。勢いも大事だけど時には冷静に、慎重にね！

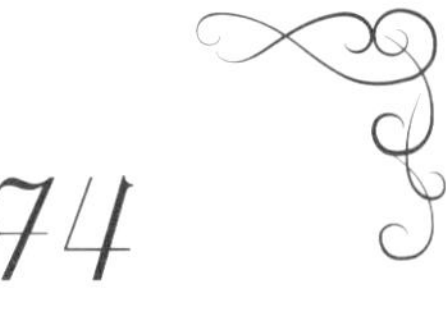

74

忘れられない彼を思うより、次の恋に踏み出すことにエネルギーを使いなさい。

恋って厄介なものね。みんな、好きになったらその相手のことを忘れようと思ってもなかなか忘れられないみたい。「別れた彼のこと、まだ思ってるんです……」とか。そんなウジウジしていないで、早く次の彼氏を見つけなさい！

まずは、2人が元に戻るかどうか。でもそれって結局は「相手の思い」よね？　自分が元に戻りたいという思いで戻るのではなく、相手の思い次第なの。相手に、**元に戻る気持ちが少しでも残っていることを感じ取れれば、その恋をもう一度試してみる価値はあるかも。**けれど、相手が戻らないかな、と思ったのなら、もう新しい方に踏み出しちゃいなさい。その方がずっと気が楽よ。その**「復縁する努力」と「新しい彼を見つけて次のステップに踏み出す努力」、どちらがいいかと言ったら、絶対後者の方がいいんだから。**でもそこで、前の彼と上手くいかなかった理由をちゃんと把握しておくべきね。漠然と別れたわけではないでしょ？　理由がきっとある。問題があったから、うまくいかなくなったの。それを見つけて理解して。そして次に生かすんだよ。勉強も恋も同じよ。そうやって失敗を繰り返しながら育っていくのよ。

75

関係を修復したいなら、パートナーの食べ残しをお互い食べられるか、一度考えてみて。

人と人が別れる時というのは案外あっさり。だけど、人と人が関係を修復しようとする時というのはひと苦労ね。恋愛の相談でも、「別れたいです」より「もう一度元の関係に戻りたいです」という方が悩ましいもの（笑）。

「愛」は食事中のコミュニケーションにも表れやすいと思ってる。いつも私が言うのは、**旦那さんの食べ残しが食べられるのなら、あなたの気持ちはまだ繋がってるんじゃない？ということ。食べ残しが食べられないのは「他人」の関係性でしょう？** 反対に旦那さんはあなたの食べ残しが食べられるかどうかも考えてみて。それが食べられるのであれば、あとはやり直すきっかけのみ。でも、片方が食べられないとなると、これはなかなか難しいと思う。時間がかかるわよ。困ったことに両方が食べられないとなると、それはもう「別れなさい」一択ね。自分は食べられるけど、旦那さんは食べられない……。それはだいぶ気持ちが離れてるわよ。やり直すことに時間を費やすよりは、新しいところへ行ってしまった方があなたにとってもいいと思うわよ。

76

パートナーとずっと添い遂げられるか分からないからこそ、いま結婚したいなら、結婚して！

多くの人が「結婚」を価値のあるものだと考えているわよね。それもそうね、共同生活をする人がいたら、いろんなことを分かち合える。決して一人では味わえないものね。でも正直、結婚する意味というのが、私には分からない。結婚という形式自体について考えると、それは化石の世界なんじゃないかと

思うの（笑）。**ずっとパートナーとしていられるかどうかなんて分からない。**もちろん、ずっと続けることができたら、それはもう幸せよ。ただ、私は一生続くとは思ってないんです。だから、手をつないで歩いている老夫婦を見ると感慨深いわね。その夫婦の歩んできた道を思うと、それがね、みんなが望む「結婚」なんだろうけど。**だけど内面ではきっとそれだけじゃない、おもてに表れない大変なこともいっぱいあるんだろうな**と感じるわ。

よくね、今の彼と結婚していいか悩んでる女の人が相談に来るんだけど、私はこう言ってます。「彼が結婚したいって言ってるならもう結婚したら！」。ずっと添い遂げられるかなんて分からないんだから、今が楽しければいいじゃない。結婚に踏み切れないって言ったって、そんなの**踏み切ってみないとわからないわよ。**こういうのは思い切り！　だから今、彼といて楽しい世界が広がっているんだったら結婚する。それで決めていいと思うわ。

77

自分中心でいいのよ。

「嫌われるのが怖くて言いたいことが言えない」って人をよく見ます。私なんか、何をするにしても自分が中心なんです。世の中は自分を中心にしていろんな物事が起きてる。みんなもそうなんだけど、実際に自分のことを考えると必ず自分が中心です。だから、**自分以外の部分はね、周りの背景なの**

よ。だからその背景に対して何か言いたいことがあれば、どんどん言えばいいんじゃないかな。それで嫌われるのも、ひとつの選択肢かなと。何かを言ったことで嫌ってくる人は、きっと元からあなたのそばにはいない人なんだろうね。言いたいこと言ってもいてくれる人は、あなたにちゃんと寄り添ってくれる人なんだなって分かるわよ。自分中心でいろんなことが起きてるんだから、そのいろんなことを自分中心で考えればいいんです。それを許してくれる人には好かれるだろうし、それを許してくれない人には嫌われるんだろうし。そうしたら、自分の周りから「そうじゃない人」が外れていくだけなんじゃないかな。

嫌われるのを気にするのは大変。**だって嫌われるのを気にするということは、好かれようとしなきゃいけないってことでしょ？** 好かれようとするのはもっと大変よ。自分を作らなきゃいけなくなってくるしね。作った自分でいるのはね、なかなか大変よ。自分のままでいられるっていうのはすごく楽なの。言いたいこと言ってしたいことしてる私は、きっと周りにすごい迷惑かけてるんだろうなと思うけど（笑）。**周りを気にして自分を見失うよりは、自分が中心で周りが消えていく方がまだいいの。**割り切って考えた方が心が軽くなるわよ。あんまり重く考えるとね、身動きが取れなくなっちゃうもの。

でもね、周りのことをまったく考えない、いわゆる「自己中」っていうのとは違うわよ。他人のことも考えてあげるべきだし、優しくしてあげるべき。

でも、自分が「これは違う！」って思うことは、ちゃんと伝えたほうが周りのためだし自分のためにもなると思うわ。

第6章

チャレンジのヒント

78

巡ってきたチャンスには どんどん乗っかって！

新しい出来事に出会ったら、びっくりしていないで、どんどん乗っかっていきましょう。私もね、今では定期的にやってるディナーショーなんかも、最初話を聞いた時「こんなこと成り立つのかな？」って思ったの。でも打ち合わせしてみたらすごく楽しそうで、「面白い！こんな世界あるんだ」と感じた。

だから、新しいことが出てきた時には、拒否せずに乗っかるのが吉よ。

　私がテレビに出るきっかけになったあの日。名古屋の柳橋市場で「PS純金」のスタッフの方に声を掛けられて。私は単純に「面白そうだな」と思って乗っかった。**乗っかったら、そこから思いがけずどんどん広がっていった。**私はてっきり1回でおしまいかと思ってたんだけど。私がこの格好をしながら、レストランと塾の先生もしてるのが衝撃だったみたいよ（笑）。その頃はね、忙しかったし大変だったのよ。寝る時間も取れなかった。でもね、そのおかげでしおりのSNSのグループができたりして、着々としおりの〝チーム〟が始まっていった。そして今も活動ができている。思いもかけないことね。

　だから、何かを始めるきっかけが目の前にあるんだったら、尻込みしないでまずは乗っかってみて！　**何かが大きく変わるかもしれないわよ。**

79

言うほどみんなあなたのこと見てないわよ。そう考えたら何事も挑戦しやすいでしょ?

私、同年代の人と比べるといろんなことに挑戦してる。でもこれってただ私がやりたいからやっているだけなの。新しいことを始めたいけどできない人の多くは、**そのチャレンジが上手くいかないとダメだと思い込んでいるんです。**あなたたち、本当に自意識過剰ね! あのね、**言うほどみんなあなたのこと見てないわよ(笑)。**あなたができてもできなくても周囲には関係ないじゃない! そう考えれば、気軽にチャレンジしようと思えるでしょう?

80

時間があるんだったら、何かして！

休日に家でゴロゴロして1日を終える人も多いみたい。あら、もったいない！しおりなんか残り時間が少ないからね。あとどれだけ何ができるかを考える。あと10年あるかも分からない。10年こんなふうに動けるかも分からない。そう考えたら、**この時間でさえもったいないの。**若い人だって人生の時間は確実に減っていく。だから、できる状態にあるのなら何かして！　**一度動くと次にすることがどんどん出てくる**から、きっと楽しいはずよ。

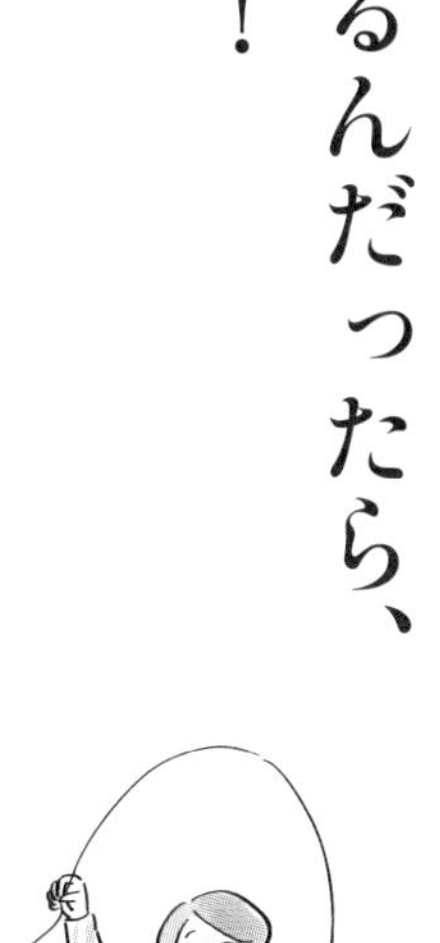

81

「知らない」から「知りたい」へ！

私ね、これから歳をとって体力が衰えたとしても、好奇心だけはなくならないなって思うの。やっぱり日頃何かに興味を持ちやすいのは好奇心が強いからなのよね。しおりのエネルギーになっている。知らない世界を楽しんでみたいって純粋に思えるのよね。ワクワクすること優先。**「知らない」こと**

を知らないままで放っておくことはできないの。自分の中でピンと来たら「知りたい！」になるんだよね。子どもの時には、みんな目をきらきらさせて、自分なりの大冒険をして……あの頃はそういう気持ちがあっても、今は年齢だったり、環境が変わったりしてそういう気持ちになかなかなれない人も多いかもしれないわね。でもそれって、好奇心が心の中で一度休んでいるだけかもしれないわよ。

私は読書も好きで、今はなかなか読めてないけど昔はよくしていたわよ。読書の何が素晴らしいって、**私を知らない世界に連れて行ってくれる**の。知識だけじゃない、知らない世界を体験できるというのかしら。

だから、学びでも体験でもなんでもいいから新しいことを知って、それが自分に身につくことがすごく楽しい。生活していて「知りたい」ことがあるのはとってもも素敵なことだから、みなさんも好奇心は失わないでね。

82

人生で何かを成し遂げようと思わなくていいの。後で悔やむなら、その場で悔やんで！

「後悔しない人生を送りたい！」という人をよく見るわ。でもそれは「失敗しない人生」とは別もの。人生って、始まりがあって終わりがあって。**その間に「何かを成し遂げよう」なんて、そんなもんじゃないのよ。**ただ生きているだけよ。生まれて死んでいくだけなの。そこで何かを成し遂げような

んて大それたことは思わない。やったことに対しては後悔するのではなく、責任を取るだけ。まあ、人生は失敗の連続かもしれないけど、私はそれを「後悔」という思いにはしない。おそらく後悔というのは「できなかった」ことよね。そりゃできることとできないことあるわよ。**でもいいじゃない、「できない」で。**できないことがあるから自分の中のいろんな力も出てくるのよ。

人生に大変な時は必ずあるわよ。例えば役者さんや芸人さんで、食えない大変な時期を過ごしてきた人たちは魅力的。でも彼らはその大変な時期を「後悔」と思ってないんじゃないかしら。生きてて悔やむこと、失敗することはたくさんあります。「しまった！」とかもね。だけど、「あ！しまった。まあ、いっか」で終わります。悔やむことは一瞬で終わらせる。**後で悔やむ「後悔」にはしない。そうしないで、その場で悔やんですぐに忘れること！**　そうすれば今より楽に生きられると思うわよ。

83

人のためにすることは、実は自分のためになっている。

人のためにしている様々なことって、結局は自分のためにしていると思うの。私も講演会で、いろんなところにお邪魔させてもらっているけれど、あれって人のためにしているようで実は自分のためにしている部分もあるんだよね。みんなから相談を受けて答える中で、新たな発見があって学びにつな

がる。おじいちゃんおばあちゃんたちのために歌を覚える過程では、歌を覚えてる時がすごく楽しいし、覚えた歌は自分のレパートリーになるから、結局自分のためになっている。

目の前のことをひたすらやっていると、いつか自分に還元される。**人のためになることをしていると、それが時に返ってくることがあるの。**もちろん、全部が返ってくるとは限らないよ。だけど思わぬところで返ってくる。でもそれをはじめから狙って人のために動くわけではないでしょ？　だから人のためにしていることって、**後で思い返したときに自分のためになっていることに気が付くの。**だから、できることからすればいい。自分ができることがあるんだったら、誰かのために目一杯やってあげたらいいと思うわよ。

84

ダメ元でやってみて、ダメだったら一から始められる自分を作る。

チャレンジすることって自分が思うよりずっと簡単よ。やってみれば結果はどうあれ、人生を豊かにしてくれるよ。何かに対して「できる」「できない」はそんなに気にしなくていいの。「する」こと、行動に移すことが大事なんだから。ダメ元で、できたらラッキー！くらいの心持ちでいた方が案外すん

なりいくわよ。

そんなふうにやってみてね、ダメだった時には一から始められる自分を作るのよ。みんな、「ダメ元でやってみよう」って言ったはずなのに、ダメだった時に**自分がマイナスの位置になってしまったように考えてしまう**ことが多いの。そうするとなかなか立ち直りにくくて、もう一度チャレンジするのが難しくなっちゃう。悪い方へ悪い方へ……。ダメだった「結果」の方に引っ張られてしまう。**ダメ元って〝ダメで元々〟じゃない。だから一に戻っただけなのよ。**また一から始めればいいの。そういう考えってすごく大事だと思ってる。

85

次のステージへ早く進むには土台をしっかりさせておくこと。

人は上を望む生き物。勉強に例えてみるわね。小学校の算数で足し算引き算を習ったら、次に掛け算割り算を習う。すると今度は四則計算を応用した問題をこなしていく。そこに分数や少数も加わっていく。さらにその上に約束ごとが入ったりもするわね。そんなふうに段々難しくなってくる。でも人間っ

てね、難しいことに挑戦するの好きなの。「できないことをできるようにしたい」、そういう欲がすごくあるんだよ。だけど、**その難しいところに一番早く行ける人ってね、足し算引き算のところを何回もしっかりやった人なの。一番はじめの、土台の部分をしっかりすれば、次の段階が見えてくる。ステップアップの近道って結局そこなの。**ゲームもそうでしょう。ただ次のステージに進めばいいかというとそうではない。前のステージをしっかりクリアできると、次のステージも楽にこなせる。ギリギリでクリアすると、次のステージは苦戦する。できたりできなかったりのその過程が面白いんだよね。

人生で出会ういろんな場面でも、**基礎となる土台の部分をしっかりやって定着させること！**　そうすると、上へ上へ登りつめて、いつしかとんでもない未来がやってくるかもしれないわ。

86

奇跡は思ってもみない時に起こる。

奇跡というのは思ってもみないこと。思ってもみないことはいつ起きるか分からない。どうしたらいいか分からない時にも起こったりするし、自分が特にそういうことを考えてない時にも起こったりするんだよね。

これまたテレビの取材でね、料理に鯛を使いたいから魚釣りをしに行って、その様子を撮影してもらった時があったの。その日も釣り堀に釣りをしに来てる人たちが何人かいて、でも周りの人は全く釣れない状態だったみたい。寒い時期だったから魚も餌を食べないのよ。そんな中、しおりの竿先にアタリが来て、すんなり釣り上げちゃった。狙っていたマダイだったから喜んだわ。その後もどんどん釣れて、あまりの釣りっぷりにその場にいた人みんな驚いていた。でもこれヤラセじゃないの。だから見てる人にそのリアル感が伝わるし、すごく面白い。「奇跡」と呼ぶにはスケールが小さいかもしれないけど、普通ではありえないこと。私、そういうことが多々あるのよ。

もしかしたら、私がこうやって**どんどん行動を起こしているから「奇跡」に立ち会う瞬間が増えている**のかも。だから**自分ができることを積極的にこなしたり、思うままチャレンジしたりすることは結構大事**なんだなって思うわ。

87

元気なんだったら頑張りすぎたらいいわよ。

私、よく「頑張りすぎだ」と注意されるの。そうなのかな？　正直頑張りすぎという自覚はあまりないわ。見るからに不健康だったら言ってほしいけど（笑）。でもね、頑張りすぎることって悪くないと思う。**頑張りたい時に頑張れなかったら意味ないわよ。**だから頑張れるときには頑張りすぎ

たらいいじゃんって思う。大変だろうと「頑張れる」ということはそれに打ち込めているという証なんだから。そこまで夢中になれることがあるのは素晴らしいわよ。もしね、頑張りすぎて心配かけちゃったのなら舌でも出して「頑張りすぎちゃいました」って笑っとけばいいわよ。頑張ってい る人に突然下向かれたら心配になるけど、ある程度元気なんだったら頑張りすぎちゃいなさい。

頑張りすぎるってのは、やっぱりそこに**自分の意思がある**からいいと思うのよ。自分の意思で常にいろんな行動をしているわけだからね。私もただ単に好きなことやってるだけなので(笑)。

というわけで、頑張りたいことがある人は、明日も頑張りましょう!

88

人生って、逆転ホームランを狙えるから面白い！

私は学生時代野球をやっていました。それもあってか人生を何かに例えるとするなら「野球」のようだと思います。いま何回のどこにいて、どういう状態なのか。何があるかわからないから最後まで諦めない。諦めたくない。**人生でも逆転劇は起こり得る。**ひょっとすると今は9回裏のツーアウトかも。

後がない。でもここでサヨナラ満塁ホームランを狙ってみる。不可能だよって言われている状況でも、私は狙う。そんな状況の方が人間は力を出し切れるのかもしれないわ。

球児のしおりは、それなりに一生懸命だったの。強豪との試合、1点差で9回裏ツーアウトランナー二塁の時なんかは、目の前の1点に必死になって、とにかくヒットを打ちたくてしょうがなかった。ただ、今振り返れば逆転ホームラン狙えばいいじゃんって、あの時の自分に言いたい。**「逆転ホームラン打つぞ！」という気迫を出せたはずなの。**その気迫でピンチも乗り越えられたと思うのよ。それは人生もそうよね。自分でゲームを変えていく。だからどっしり構えて思うようにやる方がいいんだわ。魂を込めてバットを振る。次の瞬間、その球は高く打ち上がっているかもしれないわよ。

あとがき

つらい顔していてはダメ。楽しむのよ。
しおりからみんなへのエールです。
思うようにならないことやどうしようもないことが
重くのしかかってくる今を自分の足で歩いていく力を持ってほしいです。
あなたの人生はあなたが主役です。
生き生きとしているあなたを見て、あなたの周りは元気になるのです。
自分は主役だと意識を持ちましょう。
その意識を持つことであなたは変わり始めます。

変化は相乗的に起きてきます。

あなたが迷ったとき、困ったときにはこの本で一歩を踏み出してください。

あなたの後ろにはしおりがいることを忘れないでね。

いつでもしおりはあなたと一緒に歩いているよ。

何をするにも楽しんで。

楽しむことであなたの人生が刻まれていくのだから。

Shiori 栞

昨日より前向きになれる
しおりの言葉88

2023年12月25日　初版発行

著　　　者　しおり
発　行　人　木本敬巳
編　　　集　伊奈 禎
発行・発売　ぴあ株式会社 中部支社
〒461-0005　名古屋市東区東桜2-13-32
[代表]052-939-5555　[編集]052-939-5511
ぴあ株式会社 本社
〒150-0011　東京都渋谷区東1-2-20 渋谷ファーストタワー
[大代表]03-5774-5200
編集協力　伊藤 香（ネオパブリシティ）、鎌倉志保（ネオパブリシティ）
カバーデザイン　金井久幸（TwoThree）、
本文デザイン　横山みさと（TwoThree）、伊藤直子（ネオパブリシティ）
撮　　　影　高島裕介
イ ラ ス ト　柴田真央
制作協力　中京テレビ放送株式会社
加藤陽子
印刷・製本　TOPPAN株式会社

ISBN978-4-8356-4686-2